咸有一徳

昌賢学園の全人教育

鈴木利定
中田　勝　著

中央法規

昌賢学園沿革

本学園の祖である長尾左衛門景仲《かげなか》（一三八八―一四六三。後の入道昌賢）は、恒武天皇（七八一～八〇五）の第五皇子（一説、第三皇子）の葛原親王《かつらはらしんのう》（七八六～八五三）より出《い》づ。親王の御孫高望《たかもち》・五代の末孫・村岡左衛門尉致経《さえもんのじょうむねつね》に継がれたが、村岡左衛門尉には男子なきを以て伯父・致成の二男・権五郎忠通《ただみち》と改め致経《むねつね》の家を継ぐ。

忠通は源頼義と安倍貞任、宗任との合戦の時、軍兵を尽し鎮守府将軍相模守に任ぜらる。忠通より七代の景熈《かげひろ》に至り康元元年（一二五六）十一月五日に上州白井の郷《ごう》を賜わる。景忠、景行、清景、景守、景信、景春、景英、景誠、憲景を経て景広に至って、天正十八年（一五九〇）の役に城陥れり。世にこれを白井長尾と称す。これより先、長尾三代・景行の四男・忠房、観応《かんのう》二年（一三五一）を以て総社に分封《ぶんぽう》せられ蒼海《あおみ》城を築き総社長尾の祖となれり。忠房以来、忠綱、忠政、景棟《かげむね》、忠景、景家を経て景忠に至り、永禄五年（一五六二）上杉謙信（一五三〇―一五七八。一族、長尾為景《ためかげ》の二男輝虎、後に上杉家を相続す）の松山陣に従い武州山の根城大手に於て戦死す。景忠の遺子を景治とす。景忠は景家の子にして景仲入道昌賢の曾孫《そうそん》なり。総社城陥落に際し年五歳の嗣子《しし》景治に二十人の郎党を附し、領地植木に退去せしめたり、景治は成長の後、植木長尾の祖として土着し正治《まさはる》、正成《まさしげ》、景敬《かげたか》、景経《かげつね》、景之《かげゆき》、景盛《かげもり》を経《へ》て、祖父平次郎景道に及べり。昌賢以来の血統を畧《りゃく》していえば、総社長尾四代景棟、嗣子なきを以て昌賢の二男・忠景入りて総社五代を継ぐなり。故に昌賢より祖父に至るまで十五代六百年を経過す。遠祖白井城主長尾昌賢の人物の偉大なるを思うべし。そもそも宝徳元年（一四四九）に白井の郷に聖堂《せいどう》を建て京の儒《じゅ》、藤原清範《きよのり》をして講筵《こうえん》を開き関東平野に文教の樹立をはかる。とともに領内の真光寺に江の島の辨財天を勧請《かんじょう》して庶民繁栄を祈願す。真光寺の道場には丈七弥陀《じょうしちみだ》の尊像を安置して家臣戦場討死《うちじに》の士魂の頓生菩提《とんせいぼだい》となす。

景仲は神道《しんとう》を崇敬すること極めて深く御霊宮《みたまみや》の境内に神明《しんめい》を建立し庶民をして敬拝せしめ、庶民の思想啓発に心を砕く。曽祖父景範は文化八年（一八一一）に上州植木に正誼堂《せいぎどう》を開き私財を投じて校舎を建て、徳川幕府全盛の時代に於て尊王の大義を説き、慶応二年（一八六六）・其の死後、学堂はなお隆盛をきわめ、明治初年小学校の開設するまで郷堂《きょうとう》の子弟を薫陶《くんとう》す。祖父景道・曽祖父の遺業を継ぎ認可を得て昌賢学堂を設立し、日本外史を出版し勤王《きんのう》を鼓吹《こすい》したる博喩堂《はくゆどう》の後身《こうしん》・集成学館を合併し、忠・孝の教えを説き勤王の大義を唱え王事に尽し、門下に多くの勤王の士を出《いだ》せしが如き、又近年、満州事変に際し、肉弾・一《いち》の士《し》富岡上等兵を出せしが如きは、父の教えを如実《にょじつ》に発揮せしというべし。

このように本学園は儒教《じゅきょう》の教育から庶民の教育へと、その教育方針は精神の涵養《かんよう》に重きを置き、そして祖父長尾平次郎景道の遺業を継いだ父鈴木泰三は昌賢学堂を昌賢中学校と改め、青年教育に熱意をそそぎ、当時は群馬県での私立中学校は我が校ただ一校のみで、前橋中学校と並びますますの隆盛を致したものである。又その当時鈴蘭少女学園を併設し幼児教育に尽したものである。

戦後は教育の自由が与えられると、女子文化向上のために前橋女子商業高等学校を設立し、女子商業教育技能を授け、新しい時代に即する女子養成を行った。また、昭和二十三年（一九四八）、栄養士養成のため前橋栄養高等学校を設立するなど、質実共に群馬県教育界において先駆的《せんくてき》役割を果している。

鈴蘭少女学園を鈴蘭幼稚園と名称を改め、昭和三十五年（一九六〇）に現在の前橋市元総社町に園舎落成し移転したことは前理事長・鈴木泰三の功績大であると確信する次第である。

現理事長の私、鈴木利定は前理事長・鈴木泰三の意志を継承し、鈴蘭幼稚園として幼児教育に専念する一方、超高齢社会の到来を受けて、介護福祉士養成校として平成元年（一九八九）に元総社町に群馬社会福祉専門学校を開校、その後・社会福祉学科、福祉保育学科、介護福祉専攻科を設置し、数多くの卒業生を輩出《はいしゅつ》している。さらに、福祉新時代をリードする指導者の養成のため、平成八年（一九九六）には前橋市川曲町に群馬社会福祉短期大学を開学し、かつ陽明学研究所、福祉科学研究所を開設し、更に、平成十三年（二〇〇一）十二月二十日づけで文部科学大臣より四年制大学、群馬社会福祉大学の設置認可を得ることができ、平成十四年四月に社会福祉学部・社会福祉学科を、従来の短期大学は群馬社会福祉大学短期大学部と名称を変更し介護福祉学科を設置し、平成十九年（二〇〇七）に大学院・社会福祉学研究科、修士課程を新設、平成二十二年（二〇一〇）に藤岡市の要請《ようせい》により群馬県藤岡市に看護学部を新設、これを機会に名称を群馬医療福祉大学に変更、平成二十四年（二〇一二）に前橋市の要請により前橋市本町にリハビリテーション学部を新設、そして、令和三年（二〇二一）地域住民の要望と将来の人材育成のため、医療技術学部を新設した。さらに、学生の要望を受け、本年四月に大学院社会福祉学研究科社会福祉経営専攻内に新たに心理臨床コースを開設する。このように本学園は時代の要請に応《こた》えるべく、ますます充実した人材養成に力を尽くしている。

幸いにも創立以来本学園に理解を寄せる多くの方々のご協力によりますます発展の道を歩んでいることはまことに喜びに堪《た》えないところである。私が幼少の頃より父より受けし家訓《かくん》、並びに学校法人・昌賢学園の守成《しゅせい》・創業を思うとき感慨無量である。思うに私が父より受けた庭訓《ていきん》は、「質実剛健《しつじつごうけん》、敬愛《けいあい》、至誠《しせい》を怠ることなかれ」の三則《さんそく》であり、私は父のこの慈教《じきょう》にその根本思想の「忠恕《ちゅうじょ》」を加え、四則《しそく》とし、我が学園の教育方針とし、大本《たいほん》の「仁《じん》」、並びにそれらを展開した「親義別序信《しんぎべつじょしん》」の五倫《ごりん》、「仁義礼智信《じんぎれいちしん》」の五常《ごじょう》を踏まえた「礼」の実践、統合した仁愛の精神を建学の理念とし、人格陶冶とその発揚とした知行合一の身心教育を行わんとする次第である。

かくして「仁《じん》は人《ひと》なり」をモットーに、本学園が創立者の意志に基づき地域社会の振興に意を注ぎ、就中《なかんずく》、幼児教育・福祉教育の向上に大きく寄与するものと確信致す次第である。

以上、私が直接関係する「学校法人昌賢学園」の沿革をご紹介申しあげまして、本書の序文に代える次第であります。

令和六年（二〇二四）二月

学園長
理事長
学長
鈴木　利定

（修訂第三版「令和二年（二〇二〇）二月」記の文章を補完した）

例　言

〔本書の構成〕

一、本書は、「昌賢学園沿革。例言。学長訓話。解説。本文（第一編・第二編・第三編・第四編）。附編。跋」で構成した。

〔本文について〕

一、第一編・第二編・第三編・第四編に編集した。

参考にした主な諸印刷物、冊子は次のとおりである。

○『学生便覧』群馬社会福祉短期大学　平成十二年度版。

○『学生便覧』群馬社会福祉専門学校　平成十二年度版。

○『要覧抄及び諸注意』鈴蘭幼稚園　平成十二年度版。

○『教務必携』群馬社会福祉短期大学　平成十二年度版。

○『社会福祉実習の心得』群馬社会福祉短期大学（基礎演習資料・（案））実習指導委員会

平成十一年十一月七日版。

○『教室に掲示のことば』群馬社会福祉専門学校　平成十一年度。

○『福祉の仕事』群馬県福祉人材センター　社会福祉法人・群馬県社会福祉協議会　平成九年一月　初版発行。

○『中学・高校のための　新しい交際と礼儀作法』文部省純潔教育分科審議会委員執筆　社会教育連合会編　昭和二十六年六月五日発行。

○改訂版『私たちのエチケット』全国高等学校長協会・家庭部会編　昭和四十四年二月一日　改訂版第五刷発行。

○新版『私たちのエチケット』全国高等学校長協会・家庭部会編　昭和六十一年一月十五日　新版第四版発行。

○『ボランティア活動ハンドブック』第八版、群馬医療福祉大学ボランティアセンター　平成二十八年三月。

○本文の条文末に右の略記、及び識者名のないところは、中田勝が補完した条文である。

〔頭注について〕

一、本文にかかわる先人の言葉を古典より中田勝が摘録した。初めに原文、次に原文が漢文の場合、その書き下し文を並記した。

〔附編について〕

一、『王學名義』は、正徳元年刊の無窮會所藏二冊本を底本とした。〈陽明学大系第二巻、『王陽明（上）』、〈安岡正篤先生、柳町達也先生、中田勝の共著〉、昭和四十七年二月二十五日、明徳出版社発行に収録したが、本書〈附編〉は版を新たにした〈正すべきところを正した〉〉。

『王學名義』の原漢文（前序、後序）は、書き下し文にした。漢字・仮名遣は、底本のとおりに、正字・旧仮名遣のままとした。漢字の読み仮名、原文（原書）の用字は、漢字・片仮名の混交文であったが、その片仮名は平仮名になおした。

〔本文・頭注の漢字について〕

一、本文・頭注の漢字は、常用漢字を用いた。

〔編集・執筆について〕

一、学園長・鈴木利定先生の意を受けて、中田勝が執筆した。

二、昌賢学園の建学理念、教学精神、更には日常生活のマナーと一貫した課本を目指した次第である。

三、本書は、大学・専門学校の教養総合課程のテキストとして、十分にその任を果すものである。

目次

附編

学長訓話　若きみなさんへ

躾と習慣

本学では一年～四年までの間に基礎演習と専門演習という必修科目があります。これは本学の根幹科目であり、この演習を通じて医療・福祉に携わる人としての人格向上と礼儀作法の習得を教授しております。

この四年間の授業では私（鈴木利定）と中田勝本学顧問教授が相談して編纂した『咸有一徳』をテキストとして使用しております。このテキストの中に本学の建学理念と、本学の全人教育の有り様を記しております。ではこのテキストの書名『咸有一徳』と私の専門とする中国哲学を手掛りにして話を進めたく思います。

「咸有一徳」とは、中国の古典の中でも最も古いと見做される『尚書』の中に見える言葉です。『尚書』とは、古代中国の歴代帝王の言行を記した書物で、孔子が手を加えたと言われております。世界史で習った「五経」の中の一つです。

さて、皆さんも漢文の時間に「漢文訓読」の方法で、『論語』や唐詩を読んでおりますが、それを用いて読んでみると「咸有一徳（みないっとくあり）」と読みます。さて、どういう意味なのでしょうか。みなさんとしては「解るような解らないような」といった感じでしょうか。先に意味を言えば、「咸有一徳（みないっとくあり）」とは、人にはみな吾が身についた善い行いがある、と言うことなのです。これから詳しく説明してまいりましょう。

「咸」とは「みな」と読み、みんなの意味で、「有」は「ある」の意味ですね。ここまでは解りやすい。「一」と言う字、これが一番解りやすそうで解りにくい。この場合の「一」は個数の「一」の意味に解釈するのは間違いであり、「一」は「屈」の字の借用字と見るのが正しいのですね。「屈」の字の意味で考えてみると、そこに「柔」の意味が出てきます。純一な美質。純一な徳との意味が浮かんできます。「徳」の意味は「得」の意味であり、善行・

道義などの道を行って体得したものの意味です。これらを合わせると、先程述べましたように「咸有一徳（みないっとくあり）」とは、人にはみな吾が身についた善い行いがある、と言うことになるのです。

本学では、個々の学生が持っているこの善い行い、（個性と言ってもいいかもしれませんね）を発展・成長させることに主眼を置いております。そのために、日本人の倫理・道徳心を育んできた儒学の教えを根底にしております。儒学とは、人の道を説く学問のことであり、人が世間に立って、人に対処するにはどのようでなければならないかを諭している学問です。「己を治め、人を治む」が儒学の目的とするところにして、それには「仁」を以てせよとしているのです。では、「仁」とは何なのでしょうか。その前に、仁と言った際に、皆さんが真っ先に思い浮かべるのが『論語』かと思います。ここでは『論語』を用いて「仁」を説明したく思います。

「仁」とは心の全徳です。つまりみんながそれぞれ所有している「まごころ」として認識し把捉できます。また『中庸』に「仁は人なり」とあるように、人を人として信愛することを指します。そして「仁」の発揚が思いやり（恕）なのです。人間相互のまごころと思いやりに基づいて社会を築いていくのが儒学であり、その根本概念が「仁」なのです。

さて「仁」の説明を皆さんに申し上げましたが、仁というまごころが内面に存在して、はじめて「しつけ」というものが成立するのです。

「しつけ」と言うと基本的なイメージとして、親や年長者からの強制によって身につけさせられるもの、との印象を持っているでしょう。試しに『日本国語大辞典』という国語辞典としては最大規模を誇る辞書を調べてみると三番目に「礼儀作法を身につけさせること、また、身に就いた礼儀作法」と書いてあります。

しかし「しつけ」の項目をよく読んでみると二番目に「ならわしとすること。習慣」と書いてあります。みなさんも古文の時間に古語辞典を使いますが、辞典の用例は古い用例順に並んでおります。そうしますと「しつけ」と言うのは、「身につけさせる」という意味よりも、「習慣」の意味の方が先に成立したということです。ですから、ここでみなさんにつたえたいことは、よい習慣を自発的に身につけて欲しいのです。そして親御さんには、お子さんが自発的によい習慣が身につくような環境を設定してあげることが大事なのです。

　では、よい習慣とはどのような習慣なのでしょうか。それは己を律し、人に対しては「自分もああいう習慣を身につけたいものだ」と思わせるものです。よい習慣を身につけるということは、自己の内面から滲み出て、その人の本性にまでなったレベルです。習慣がその人の本性のレベルまでに成ることを、いみじくも古代の中国人は次のように言っています。「習ひ性と成る」（『尚書』太甲上）。意味は、習慣がつけば終には生まれつきの天性と同じになる。つまり、習慣は第二の天性なのです。

　先程、親御さんに「お子さんが自発的によい習慣が身につくような環境を設定する」と申しましたが、何も難しい事ではありません。日常生活の基本的な事柄を教え諭してあげればそれでいいのです。家庭での「しつけ」つまり習慣が、お子さんを社会に送り出した際の貴重な財産となるのです。では皆さんに具体的な項目を申し上げます。

一　両親や祖父母から名前を呼ばれたときには、「ハイ」と返事をすること。

みなさんは既に反抗期を経ていると思いますが、それでも親御さんがみなさんを呼んだ時に「なに？」と言ったりしていませんか。よくよく考えてみてください。先輩がみなさんを読んだ時には「はい、先輩」と言っておきながら、両親・祖父母に対して「なに？」という返事は本末転倒ですよね。呼ばれた際には、すぐ「はい」と返事をする習慣を身につけてください。社会に出た際に上司から呼ばれて「なに？」と返事しようものなら、怒鳴られますよ。

二　家庭では朝晩、「おはようございます」「おやすみなさい」を欠かさず、出かけるときは、「行ってまいります」。帰宅のさいは「ただいま帰りました」というあいさつを両親や保護者に欠かさないこと。学校以外に出かけるときは、出先と、帰宅時間を必ず伝えること。

これも基本的なことです。みなさんは「小学生じゃないんだから」と思うかもしれませんが、皆さんが思っている以上に、両親は皆さんの事を心配しているのです。みなさんが

四十、五十になろうとも、親御さんから見たらやはり子供なのです。それでなくとも、昨今猟奇的な事件がマスメディアを騒がせている状況です。行き先を告げるだけで、親御さんの心配は軽減されるのです。『論語』にも「父母在せば、遠くに遊ばず、游ぶに必ず方有り」と言います。意味は「父母が生存して居るときは、親元を離れて長期の外出はしない、外出の際には、必ず何処に行くかを告げる」と言っています。まっ、『論語』に於ける「遠くに遊ばす」というのは、現在で言えば海外留学のような事ですけれども、もっと身近なことに置き換えてもよいと思います。

三　清らかで豊かな心、心情は美しい環境に育つ。家庭にあっては、玄関・応接室・客室・居間はもちろん、洗面所にいたるまで、つねによく清掃し、調和のとれた状態を維持したいものである。絵・置き物・カーテン・テーブルセンターなどにも心を配り、四季おりおりの花で部屋を飾る心もゆかしいものである。

心の乱れは、身だしなみの他に、生活環境にも現れてきます。心が乱れている人は、その住居空間も概して散らかっているものです。逆に言えば、生活環境をきちんと整えることで、自らの意識を高く保つことも可能なのです。散らかった状態に狎れてしまうと、掃除をするのが億劫に感じますが、きちんと整理された状態に慣れた人は、わずかな汚れでも気にかかり、自ら掃除をするものです。

掃除と言うと、ごく当たり前に聞こえるかも知れませんが、本当に重要なのです。お坊さん、僧侶ですね、彼等は何もお経だけ唱えているのではありません。入門の当初は必ず掃除係からスタートするのです。寺を綺麗にすることが、そのまま己の心を浄化すると考えているからです。また、皆さんも日本史の時間に習った朱子学、儒学の一派ですね。教科書的に言えば、今までの儒学を宇宙論に基づいて広大な思想体系に作り上げた学問ですね。今でも『論語』を読む際には必ず朱子がテキストクリティークした『論語集注』を使用することからも、彼の学問の精密さが窺えます。その朱子ですが、何も難しい事ばかり言っているわけではありません。朱子は『童蒙須知』という本の中で、初学者の心がける事として、最初に書斎の整理を言っているのです。勉強する前に机をふくとか、勉強したら書物をもとの棚に戻すとか、至極当たり前のことを言っているのです。このようなごく当たり前のことができて、始めて学問が成り立つと考えていたのです。

四　人生の大半を社会のため、家族のために尽くした老人に尊敬といたわりの気持ちをもつことは、家族として当然のことです。こうした気持ちを日頃のあいさつやことばつかい、動作にあらわすことは、高価なプレゼントにまさるものです。

簡単に言えば敬老の精神ですね。私の大学に引きつけて言えば、この敬老の精神を根幹として、高齢者介護に携わる人材を育成しております。敬老の精神があればこそ、介護を受ける方々は彼等を信頼するのです。

五　身体（目・耳・足など）の不自由な人に出会ったら、道を譲ること。

身体障碍者に対する配慮というのは実に重要なことです。みなさんは『論語』を難しい事が書いてある本だな、というイメージが先行しているかも知れませんが、決してそんなことはありません。日常における人としてのあり方が記されている書物なのです。『論語』衛霊公篇最終章にも、目の不自由な人に対する接し方が書かれているのです。

師冕見ゆ。階に及ぶ。子曰く、階なり、と。席に及ぶ。子曰く、席なり、と。皆坐す。子これに告げて曰く、某はここにあり、某ここにあり、と。師冕出づ。子張問ひて曰く師と言ふの道か、と。子曰く、然り、もとより師をたすくるの道なり、と。

師冕、とは音楽家の冕（ベン）さんという意味です。古代において音楽に携わる人間の多くは盲人だったのですね。聴覚が鋭いと見做されていたからです。孔子のもとに音楽家の冕さんが会いに来ました。階段に近づくと孔子は「階段です」と言い、座席につくと「座席」ですと言い、「誰それはどこにいる」と冕さんに告げたのです。孔子が冕さんに一々告げる態度を見ていた弟子の子張は孔子に対し「先生の接し方が音楽家に対する方法なのですか」と尋ねたのです。そうすると孔子は「本来あのように接するのが音楽家を補佐する態度なのだよ」と答えたのです。障碍者に対する配慮というものを孔子は持っていたのです。

六　乗り物のなかは、お互いによごさないように注意し、新聞や雑誌を網棚や座席に置き去りにするのはやめましょう。大きな荷物で座席をふさいだり、混雑している場所にひとりでゆったりとかけたりしないこと。座席はひとりでも多くの人がかけられるように互いに譲り合う気持ちがたいせつです。また乗り物のなかでは、他の乗客に迷惑をかけないようにしましょう。

昨今、電車の中の皆さんと同世代の若者を見ると本当に嘆かわしいです。靴を履いたまま座席に足をおくは、二人掛けの座席を一人で真中にドカンと座ったり、スカートの中が見えようと、お構いなく床に座ったり等、首を傾げたくなる様子を目にします。まっ、みなさんではないだろうと思いますが、決してこのようなみっともない事はやめてください。それから、たまに電車の中に置き去りにされた空き缶が、くるくる電車の中を転がっている風景がありますよね。これは皆さんも見たことがあると思います。どうですか、誰が飲んだのか解らない空き缶が、自分の処に来た時の気持ちは？嫌なものじゃありませんか？「己の欲せざる所、人に施すことなかれ」と『論語』にもあります。自分が不愉快に思うことは、大概人も不愉快に感じるものです。こういうことは是非とも避けてください。また、電車の中で大声で談笑している人も見受けられますが、あれも他の乗客にとっては甚だ迷惑なものです。学生だからいいじゃない、という甘えは許されません。

七　学校生活を含めて、行事・授業・登校・参加には、その場所に少なくとも十五分前ぐらいには到着し、開始の五分前には、息を整えた各人が、その場所・定まった席（教室）に着いていること。そのように努めること。

ぎりぎりに到着して心の余裕が無いよりも、余裕を持って目的地に行きたいものです。心に余裕があれば事故を未然に防げるものです。朝の登校風景を思い出してください。「遅刻だ遅刻だ」と焦って登校すれば、交通事故に遭う可能性は高くなります。ぎりぎりについている皆さんは、途中「ひやっ」とした経験がありませんか？一歩間違えれば事故に遭っていた可能性だってあるのです。最低でも五分早く出ることにより、心に余裕が生まれ、朝の清々しい空気や四季の移り変わりを通学途中に感じることができるのです。よく「五分前行動」と言いますが、五分でしたら、皆さんの心掛け次第で行動に起こすことが可能なのです。

みなさんはまだ若いのですから、最初は外からそれこそ「しつけ」られることでしょう。しかしその「しつけ」られたものが、いつかみなさん自身のよい習慣となって返ってくるのです。人間は生まれた時は誰もが似たり寄ったりです。習慣によって千差万別になるのです。孔子も言っています。

性相近し。習ひ相遠きなり。（『論語』陽貨篇第三章）

人は生まれて来た時は同じなのです。生まれた後の習慣によって人間の差がつくのです。先程も述べましたが「習ひ性と成る」のです。習慣がそのままその人自身の人格を形成するのです。人格というものは一朝一夕で変えることができるものではありません。それこそ人生という名の歴史を刻んだ結果できあがるのです。今からよい習慣を身につけるよう心がけてください。

教養としての古典

本学ガイドブックの社会福祉学部の項目に「仁愛の精神を理念とする教養教育」として次のように書かれています。

豊かな教養と人間尊重の精神を涵養するため、教育方針として大本「仁」の実践と結合した仁愛の精神を理念とした人格陶冶を基とし、よりよい生き方の探求のため特色ある教養教育を積極的に推進しています。「哲学」「倫理学」「論語」「道徳教育」などの科目を通して学生に「仁」のこころを伝えます。

（『ガイドブック２０１４群馬医療福祉大学』三十五頁）

みなさんも受験生の頃、この一文を読んでいるかと思います。本学では専門的知識の習得だけを皆さんに望んでいません。幅広く―人文科学・社会科学・自然科学の三分野―知識を身につけて欲しいのです。つまり教養を身につけて本学を巣立って欲しいのです。これは社会福祉学部の学生に限らず、看護学部・リハビリテーション学部・短期大学部・専門学校の全ての学生に言えることです。

教養はなくてもよい、というものではないのです。なるほど、教養が無くても生きてはいけます。しかしそれは人間としての文化的営みを自ら放棄することになるのです。古来からよく「人はパンのみで生きているのではない」と言われていますが、それは人間には文化的生活を営んで初めて人間と言えるのです。文化の根底にあるもの、それが教養なのです。

教養も習慣と同じく一朝一夕で身に着くものではありません。その人の生活と読書と人生経験が積み重なって形成されるのです。その中でも読書の経験は教養を形成するなかで、大きなウェイトを占めることになります。では何を読めばよいのでしょうか。勿論それに対する答えも多種多様でしょうが、恐らく教養ある人は共通して「古典を読め」と言うでしょう。洋の東西を問わず古典には人類の叡智が詰まっているのです。ただ古くから残っているというものではないのです。人々に読み継がれてきたからこそ現在に残っているのです。その古典を読まないのは、食わず嫌いと同じようなものです。そこで私は本学の建学の精神に則り、また教養を身につけるという観点から「哲学」「倫理学」「論語」「道徳教育」を必修科目として課しているのです。ここでは東洋の古典中の古典、『論語』を例に話を進めていきましょう。

『論語』は、孔子と弟子及び孔子と関係のあった人物の普段の言行を記したものです。『論語』という書名が何故付いたのか、何時ごろ成立したのか、これには諸説ありそれだけで一つの論文になるので、ここではそれには触れません。しかしここで重要なのが、「普段の言行」という点です。孔子が弟子や関係のある人々と普段の会話として話していた内容が『論語』

として残っているのです。つまり、改まった席で主張するといった内容ではなく、まさに普段の話のやり取りが記されているのです。だからこそ、誰が読んでも必ず納得する一文が発見されるのです。では、『論語』の中からいくつかの章をみなさんに紹介します。

自己の成長を止めるのは自分自身

冉求《ぜんきゅう》曰《い》はく、子《し》の道《みち》を説《よろこ》ばざるに非《あら》ず、力足らざればなり。
子曰《しい》はく、力足《ちからた》らざるものは、中道《ちゅうどう》にして廃《はい》す。今汝画《いまなんじかぎ》れり。

（『論語』雍也篇第十章）

冉求《ぜんきゅう》が「先生（孔子）の道を喜ばないというわけではないのです。わたしの力が足りないからなのです。孔子は「力の足りない者は、途中でやめる。今お前がお前自身を見限っているのだ。（自分で見限ったなら、進歩なぞない。）

この一章は「自己の限界」について、孔子が弟子の冉求に諭しているのです。弟子の気持ちとしては「先生、解ってはいますが自分にはとてもとても……。」という気持ちがあったのでしょう。でも、そこを孔子は鋭く指摘するのですね。自分で自分を見限ったら成長がないよ、という具合に。可能性の芽を摘むのは親でも先生でもなく、まさに己自身なのです。みなさん自身が自分の可能性を信じなかったならば、もはやそこからは何も生まれないのです。生きていれば苦しい事もあります。しかし自己の可能性を己自身で見限ることはしないでください。

両親の誕生日

父母の年は知らざるべからず。一は則ち以て喜び、一は則ち以て懼《おそ》る。

（『論語』里仁篇第二十一章）

両親の歳は知っておかなければならない。一つには両親が健やかに誕生日を迎えたことを喜び、一つには両親が歳をとるのを心配するからである。

わたしたちが今ここにいるのは、両親が我々を生み育ててくれたからです。みなさんが学生となり成長してきたということは、同時にご両親もその年月分歳をとったということなのです。人間として成長できているか否かの分岐点として、両親の苦労というものを考えることができるかどうか、これを挙げることができるのではないでしょうか。

病気以外では両親を心配させるな

孟武伯《もうぶはく》孝を問ふ。子曰はく、父母をしては唯《た》だ其の病をのみ之憂《これうれ》へしむ。

（『論語』為政篇第六章）

孟武伯が孝行について尋ねました。孔子は「両親は子供が病気に罹るのを心配している。」（だから病気以外の事では心配させないように。）

御両親は皆さんが小さいころから、そしてこれからも心配することでしょう。それが親の愛情というものです。みなさんが一人前になろうとも、六十・七十になろうとも、子どもは子どもなのです。生きている限りみなさんのことを思いやるのです。ですからみなさんには、せめて病気以外のことでは御両親に心配をかけないように心がけてください。病気はなろうとしてなるものではないので、これはかりは仕方ありません。しかし病気以外のことでは心配させないようにしてください。

世の中には必ず見習うべき人と反面教師がいる

三人行《ゆ》けば、必《かなら》ず我《わ》が師《し》有《あ》り。
其《そ》の善《ぜん》なる者《もの》を択《えら》んで之《これ》に従《したが》い、其の不善《ふぜん》なる者《もの》は之《これ》を改《あらた》む。

（『論語』述而篇第二十一章）

三人行動を共にすれば、その中に必ず自分の先生がいる。

良い点を見ては、見習って習得しようとし、悪い点を見ては、そうならないように心掛ける。

「師」は先生を示す漢字です。先生と言うと学校教育に携わっている人間を真っ先に思い出すかも知れませんが、自分の周辺にいるすべての人が師―先生なのです。友人の良い点を見てはそれを見習い、悪い点を見ては我が身を振り返るのです。

君子と小人の差は「内省」にある

君子は諸《これ》を己に求め、小人は諸《これ》を人に求む。

(『論語』衛霊公篇第二十章)

君子は自分自身に求め、小人は人に求める。(問題解決の手段は自分にある。)

みなさんも幼かった頃に御両親から「すぐ人のせいにして」と怒られたことありませんでしたか。そして今以て都合が悪くなると、「だって、誰だれが……」と言って、それこそ人に責任をなすりつけようとしていませんか。自己を成長させる唯一の方法が、自己の内面を顧みることなのです。今の言葉で言えば「内省」と言えるでしょう。

過ちとは改めないこと。

過ちて改めざる、是れ過ちと謂ふ。

（『論語』衛霊公篇第二十九章）

間違って改めようとしない。これこそ「過ち」と言うのだ。

間違えは誰にでもあります。間違えたことに関して孔子は責めているのではないのです。間違いを自覚しながらも改めようとしないのが、孔子に言わせれば「過ち」なのです。自覚しながらもできない脆さというものを人間は持っています。「だって人間だもの」と開き直る方法もあるでしょう。しかし開き直った瞬間、進歩は止まることでしょう。すぐに改善できないとしても、改善を心がけるようにしてもらいたいです。

我が身を正す

其の身正しければ、令せずとも行はれ、
其の身正からずんば、令すと雖も従はず。

（『論語』子路篇第六章）

自分の行動が正しければ、命令しなくとも行われ、
自分の行動が正しくなければ、命令しても行われない。

説明を付け加えなくとも解りやすい言葉ですね。我が身を律することができない人の言う

ことを人は聞かないものなのです。人にやってもらう、又は命令する立場になった時には、自分を律することができているかどうか注意が必要です。

自分が他者を理解せよ

人の己《おのれ》を知らざるを患《うれ》へず、人を知らざるを患《うれ》ふ。

（『論語』学而篇第十六章）

他人が自分を理解してくれないことに思い悩まず、自分が他人を理解していないことに思い悩む。

みなさんは「自分を理解してくれる人がいない」と思い悩んでいませんか。そう思い悩む前に自分が他者を理解しているか、一度考えてみてください。自分が意外と他者を理解していないことに気がつくことでしょう。また、人は意外とあなた方自身のことを見ているものです。自分のことを思い悩む前に、他者を理解しているかどうかが、みなさんの将来を左右するのです。

『論語』を例にして古典をみなさんと味読してみました。古典、特に『論語』に人類の叡智が詰まっている一端を理解してもらえたかと思います。学生時代に『論語』をはじめとする古典を是非読んでみてください。みなさんの人間性を必ず深めることでしょう。人間性が深まるということは同時に皆さんの教養が深まるということに繋がるのです。

（本論は、平成二十四年九月二十一日、群馬県立中央中等学校での講演を基に新たに稿を起したものである。）

解説

中田勝

一、「咸有一徳《かんゆういっとく》」について

この文字は、「尭《ぎょう》・舜《しゅん》から周までの歴代帝王の言行をしるした書物にして、孔子（西暦前五五一～前四七九年《『史記』説》）が手を加えたと言われる『書経《しょきょう》』（尚書）の篇名が、その出典である。」文字の意味を加藤常賢先生（号は維軒）は、〔「一」を個数の「一」の意に解するは誤っている。「一」は「屈」の借用字と見るが正しいことになる。「咸有一徳」とは『偽孔伝』（孔安国の伝）や『礼記《らいき》鄭注』の如くあらわれた文字通りに「斉一な徳」と解釈しては古意を得ないのである。古代にありそうもない思想で古語を解釈する愚を犯してはならぬことを心がけなければならぬ。中国古典を読む困難はこんなところにあると思う。（昭和四十八年七月一日発表手記）」とされている。私（中田勝）が考えるに「屈」、すなわち、柔の意味が出てくる。純一な美質・純一な徳との意味が浮かんでくる。「徳」の意味は「得」との意味にして、善行・道義など道を行なって体得したものの意味である。このように考えてくると「咸《みな》有《り》二一徳《いっとく》一」の意味とは、人にはみな吾が身についた善い行いがあるとなる。

かくのごとく、儒教とは、人の道を説く学問のことにして、人が世間に立って、人に処するにはどのようでなければならないかを諭《さと》している学問である。「己を修め、人を治む」が儒教の目的とするところにして、それには「仁」をもってせよとしているのである。我が身に人としての道徳を実らせる学であるとすることよりして、儒教の学問はまた実学とも呼ばれている。

二、「仁」とは何か

○「仁」とは心の全徳をいう。陽明説に拠れば、「仁」とは天の正理としたものが我が身に凝縮したもの、すなわち皆がそれぞれ有するところの「まごころ」としたものとして認識し把捉できる。

顔淵問レ仁。子曰、克レ己復レ礼為レ仁。一日克レ己復レ礼、天下帰レ仁焉。為レ仁由レ己。而由レ人乎哉。顔淵曰、請二問其目一。子曰、非レ礼勿レ視、非レ礼勿レ聴、非レ礼勿レ言、非レ礼勿レ動。顔淵曰、回雖二不敏一、請事二斯語一矣。

（『論語』、顔淵第十二、第一章）

顔淵《がんえん》(1)・仁(2)を問ふ。子《し》曰《いわ》く、己にかち礼(3)を復《ふ》む(4)を仁となす。一日・己にかち礼を復《ふ》めば、天下・仁に帰す。仁をなすは己による。しかうして人によらんやと。顔淵曰く、その目《もく》(5)を請い問ふと。子曰く、礼にあらざれば視《み》ることなかれ、礼にあらざれば聴《き》くことなかれ、礼にあらざれば言ふことなかれ、礼にあらざれば動くことなかれと。顔淵曰く、回・不敏《ふびん》といへども、請ふこの語を事とせんと。

（書き下し文）

(1) 姓は顔、名は回、字（あざな）は子淵。孔子の門人。孔子門下の第一の高弟。
(2) 仁とは、心の全徳。
(3) ◇理《り》の事《じ》為の上にあるを礼という（三島中洲・説）。

◇人が実践にあたって守らなければならない正しいもの（道《みち》）、行為の節度。私は、礼とは天の運行（春がくれば夏がくる、夏がくれば秋がくる、秋が…云々、また昼がくれば夜となり、また太陽は朝がくると昇り、夜になると沈むなどとした、天の働きには誤りがないこと）から、社会の秩序を維持するための法律、法則、及び日常生活におけるマナーに至るまでとして捉えている。

◇「礼こそが道徳の発生の根本であった。礼即ち道徳は、本来は強制的なものではなく、極めて防衛的・協調的なものであった。自分の生命の安全を願う為の防衛的守勢的性格の手続きを兼ね備えたものである。もし人間が一人で生活して居たならば、誰とも交渉がないから、その人は思い通りの行動をして、誰からも制約されることはないが、極めて自然に考えて、男女両人が共同生活を営むことになると、そこに夫と妻が正しい〈その正しさは時代によって異なるが〉関係を続ける為に夫婦の道が生ずる。その夫婦に子供が産まれると、親と子の関係が生ずる。この集まりの幾つかがあると、その相互間の関係が生じ、そこに社会関係が生ずる。親子間であろうと他人との間であろうと、平和な関係の生活を維持する為には、その間に道がなければならぬ。故に、具体的生活の事実を離れた別の所に道徳があるのではない。今日は個人を中心に物を考え、また、説明する時代となっている〈これまでの倫理学も個人を中心に説明して理解を得る方法を採った〉。儒教倫理では五倫

(4)

の、親・義・別・序・信を、父子・君臣・夫婦・長幼・朋友の相互間の道徳と説いていることを重視しなければならない。一人の人が、これらの相互関係の間に生活しているということである。人間は社会の中の一人であり、同時に又、家族の各関係中の一人であることを示している。封建社会以前においては、氏族員の一人として、氏族と共同生活の面があると同時に家族関係の一人として生活した。今日でも社会人であると同時に家族関係の一人として生活している。然も社会関係の複雑さは昔日の比ではない。何等かの集団で、その全体の安全と発展の為に、その構成員の相互関係に制約を求めて、その集団の発展を期さないものはない。この制約が集団内の相互関係の道徳なのである」（加藤常賢博士・説『学問とその思い出』八七頁～八八頁の要約、深津胤房編、加藤常賢博士令夫人刊、参考）。

「復礼」の「復」の意味は、王陽明（西暦一四七二～一五二八年）の解釈は、『漢書』王莽《おうもう》伝が「克ツハレ己ニ履ムレ礼ヲ」に作って、意味を、我が身《み》の私欲に克《か》って礼儀《イ》の正しきを践《ふ》み行うは、仁をなす所以であるとしているのを取っている。「復《ふく》」の字を、「履《ふ》む」と解釈する例は、『荀子《じゅんし》』大略篇の「礼者人之所レ履ム也」とか、『易《えき》』象伝の「非レバ礼ニ不レ履マ」などの語がある。「復《ふく》の字は、履《り》の省字（説明。文字の画数をはぶくこと）」（シリーズ陽明学34『三島中洲』、一五六頁、中田勝著。平成二年六月三十日、明徳出版社発行。参照）とみて、「己に克《か》ち礼をふむ」と解釈するのが、陽明説の定説である。

右。文中、(イ)礼儀。二字で人が行動において守るべき作法（はたらき。しわざ。）のこと。
礼はそのうちの大きいもの、儀は細かいもののこと。

(5) 目とは、実践にあたって従うべき具体的な条目のこと。

○「仁」とは徳の総名にして、人を人として親愛することをいう。

仁者人也。　（『中庸』）

仁《じん》は人《ひと》なり。　（書き下し文）

○「仁」の発揚が、思いやり（恕《じょ》）である。

子曰、参乎、吾道一以貫レ之。曾子曰、唯。子出。門人問曰、何謂也。曾子曰、夫子之道、忠恕而已矣。　（『論語』、「里仁篇」）

子曰《しいわ》く、参《しん》(1)や、わが道・一(2)もってこれを貫くと。曾子《そうし》(3)曰く、唯《い》(4)と。子出《い》づ。門人・問ひて曰く、何の謂《いい》(5)ぞやと。曾子曰く、夫子《ふうし》(6)の道は、忠恕《ちゅうじょ》(7)のみと。　（書き下し文）

(1) 曾子の名。

(2)「一」とは、仁の意味。

(3) 姓は曽、名は参。字（あざな）は子輿。孔子の門人。

(4) 「唯」は、応ずる声で、「ハイ」というに同じ。すみやかに答えること。

(5) わけ。

(6) 「夫子」とは、先生のこと。尊称。

(7) 「忠恕」の忠は、わが身《み》のまごころを尽くす。恕はわが身のまごころを他に及ぼすこと。

○「仁」とは、つまり、人の本心のことをいう。

孟子曰、仁、人心也。義、人路也。

（『孟子』、「告子章句・上」）

孟子《もうし》曰《いわ》(1)く、仁《じん》は人《ひと》の心《こころ》(2)なり。義《ぎ》は人《ひと》の路《みち》(3)なり。

（書き下し文）

(1) 孟子（西暦前三七二～前二八九年）、名は軻、字は子輿。孔子学の正統を継承した人。孔子聖人に次ぐりっぱな人として、今日、亜聖《あせい》と称されている。

(2) 「仁は人の心」とは、仁は人の本心ということ。

(3) 「義は人の路」とは、義は人の正路ということ。

○仁の根芽が惻隠である。

惻隠之心、仁之端也。羞悪之心、義之端也。辞譲之心、礼之端也。是非之心、智之端也。

（『孟子』、「公孫丑章句・上」）

惻隠《そくいん》(1)の心《こころ》は、仁《じん》の端《たん》(2)なり。羞悪《しゅうお》(3)の心は、義《ぎ》(4)の端なり。辞譲《じじょう》(5)の心は、礼の端なり。是非《ぜひ》(6)の心は、智《ち》の端なり。

（書き下し文）

(1) 「惻隠」は深く傷ましく思う。

(2) 「端」には二説があって、朱子（西暦一一三〇～一二〇〇年）は緒《いとぐち》と考え、伊藤仁斎《いとうじんさい》（西暦一六二七～一七〇五年）は本《もと》〈萌芽〉と考えた。これは孟子のことばにどちらにも解される点があるから起こったことである。中田勝は、伊藤仁斎の端本説を取っている。然しながら、「端緒として現れたものを端本として拡充する。つまり、理論としては端緒でもよいが、修養論としては端本と考えることはいかがであろうか」（宇野精一博士『孟子』全釈漢文大系、一二二頁）とは宇野精一先生の言葉である。

(3) 「羞悪」。「羞」は恥じる。「悪」は憎む。

(4) 「義《ぎ》」は宜《ぎ》の意。判断の宜しきこと、その基準は「義」にあり。

(5) 「辞譲」。「辞」は辞退、「譲」は人に譲る。

(6)「是非」。是《ぜ》を是《ぜ》、非《ひ》を非とする判断のこと。

○「仁」は親愛の一徳より、宏大無辺の徳に至る。

心之徳、即是仁。仁者以㆓天地万物㆒為㆓一体㆒(1)。

(『伝習録』上巻、第八九条)

心の徳は、即ちこれ仁なり。仁は天地万物をもって一体となす。

(書き下し文)

(1) 王陽明（西暦一四七二〜一五二八年）のことばである。

「仁」の字の本義(1)について、加藤常賢説に拠ると下記の如くになる。即ち、『仁』の原字とした『𡰥』より、その字義を考えると、『仁』の字の字義は、人が背に重い荷物を負担する意であることがわかる(2)」と。重い荷物を背に負うの本義より、「己にかつ(3)」とした転義《てんぎ》(4)が生じたとも考えることができる。

(1) 本義とは、もともとの意味。
(2) 加藤常賢博士著『漢字の起原』四〇頁、角川書店発行。
(3)「己にかつ」―克㆑己。前記（一五頁）、○「仁」とは心の全徳をいう、冒頭の語。

(4) 文字のもともとの意味から転じて、さらに生じた意味。例えば上下の文字の上より、天子の意に用いるなどがある。ここは、重い荷物を背に負うより、「己にかつ」、とした美徳の意が生じてくること。

孔子は、「剛毅木訥《ごうきぼくとつ》は、仁に近し」〈子曰、剛毅木訥近レ仁。(『論語』、子路篇)〉と言っている。剛とか毅とかは、人の精神的文柱のことを指していて、腕力の強弱のことを言っているのではない。木《ぼく》は素朴、訥《とつ》は軽率にものを言わないということ。仁《じん》とは仁者との意である。このように、「仁」は吾が身を直視して、直ちに実践することによって獲得されるものであって、社会人としての生き方であり、社会生活の実践、行為の規範である。言葉をかえれば、「道徳」・「倫理」ということができる。行儀・作法としたマナーの原点ということができる。剛とは、みずからのわがままに負けない、毅とは善いことを行ない、悪いことはしないとする意志の強いことをいうのである。

三、「真心」とは何か

○「真心」（真心―いつわりのない心。誠―まごころ。誠意―真心。〈小川環樹・西田太一郎・赤塚忠編『角川新字源』〉）は、天地自然の原理である。

誠者天之道也。誠レ之者人之道也。 （『中庸』）

誠《まこと》は天《てん》の道《みち》[1]なり。之《これ》[2]を誠にするは人《ひと》の道《みち》[3]なり。 （書き下し文）

(1) 誠とは天が定めて、この世に行われるべきものとして敷《し》いている道である。

(2) 「之」は、吾が身をさす。

(3) 人々が誠を身に備えることは、人としてなさなければならない道である。

○我が国の文献[1]を通して誠のことを考えると、侍講[2]・三島中洲博士（西暦一八三〇～一九一九年）は次の如く講演[3]されている。

○『日本書紀』[4]には、天照大神《あまてらすおおみかみ》、須佐之男命《すさのおのみこと》に詔して云《いわ》く、『何を以て汝の赤心《せきしん》（赤き心）を明らかにせんや、（『古事記』[5]は清明心に作る。共に誠の心なり。原文注）』と。答えて曰く、『吾れ邪心（邪しまな心）なし』と。ここに見える赤心は丹心と同じく、誠のことをいっているのである。邪心とは誠がない心のことで、邪心なし、でそれを打ち消すから誠となる。我が天祖の誠を貴ばれましたことがこれでわかる。

○『教育勅語』(6)に、『皇祖皇宗、国を肇《はじ》むること宏遠に、徳を樹《た》つること深厚なり』とある徳も、この赤心のことである。

○『万葉集』(7)に、『安加吉許己呂《あかきこころ》』(8)とあるのも、この赤心のことである。

○菅原道真《すがわらみちざね》(9)の歌の、『心だに誠の道にかなひなば、祈らずとても神や守らん』も、この赤心である。

○山崎闇斎《やまざきあんさい》(10)の垂加流(11)の国学に、正直の二字を主とするのも、天祖の赤心を承けているのである。

○その他、国学者が真心真心というのも、みなこの赤心のことである。世間でいうところの大和心《やまとごころ》もこの赤心をいっているのである。（中田勝著、『シリーズ陽明学34。三島中洲』一四五頁。明徳出版社発行）

◇辞書（金澤庄三郎編、『小辭林』五〇一頁。三省堂発行）をひらくと、「赤心」→まごころと訳している。

(1) 漢字の原籍は、もともと中国大陸であるが、『論語』並びに『千字文』が、日本へ伝来した〔この二書が我が国へ伝来したのは、『古事記』に拠ると応神天皇の御代となっている。然し正史の『日本書紀』では、応神天皇の十五年（西暦二八四年）に百済の阿直岐《あちき》が渡来してきて、太子菟道稚郎子《うぢのわきいらつこ》に経典を講じ、翌十六年春二月に王仁《わに》が渡来して、太子は王仁に、習フ二諸典ヲ於王仁ニ一」としている。かくして漢文を原文のままで訓読（原漢文を上下に返って訓《よ》む）する上代、日本人の努力が実り、我が国の人の手になる漢文が発生した。漢文で書かれたものとしては次の法典および書物がある。

○『憲法十七条』（聖徳太子が推古天皇の十二年〈西暦六〇四年〉の作定。第一条が有名な文章、以レ和為レ貴〈『論語』学而篇に、礼之用ハ、和ヲ為レ貴スト〉）がある。

○『古事記』（成立。和銅四年〈西暦七一一年〉の撰録）。

○正史、『日本書紀』（成立。養老四年〈西暦七二〇年〉）。

また、八世紀後半の成立とされる『万葉集』（表記は、漢字の音訓両様の併用。いわゆる万葉仮名の成立考案）も著わされた。漢字より、片仮名、平仮名が作られ、漢字は、我が国の国語として咀嚼されている。多くの中国文学、哲学の文献も、我が国の人に古典漢文として、今日に受容されていることは、多くの人が知っているとおりである。（中田勝著、『東洋倫理入門』一八頁。自家版）

(2) 侍講。天皇または皇太子に講義する。また、その官。

(3) 講演題目は、「道徳ノ根源ハ在リ二誠ノ一字ニ一」。講演日は、明治四十一年（西暦一九〇八年）五月、岡山県青年会で行なわれたものの一節。この年、中洲は七十九歳。

(4) 『日本書紀』。歴史書、三十巻。編者、舎人親王・太安万侶ら。

(5)『古事記』。神話・伝説・歴史書、三巻。撰録者、太安万侶。

(6)『教育勅語』。明治時代に我が国は江戸時代の諸制度を改めて、外国の文物、学術を吸収し教育の普及と道徳の実践に力を入れた。そのような改革の中で本章にもみられる『教育勅語』もつくられたが、ここではその『教育勅語』について説明を加えておきたい。『教育勅語』は、(一)教育の根本方針を示したもの。第一次山縣内閣の時に、井上毅、元田永孚等が起草、第一回帝国議会開会直前の明治二十三年(西暦一八九〇)十月発布されている。教育勅語の裁可を得るまでは「徳教ニ関スル勅語」という名称が用いられていた(『明治・大正貴重公文書展目録』、平成元年十月、国立公文書館)。(二)教育勅語の十二徳は、孝行(子は親に孝養をつくすこと)、友愛(兄弟、姉妹は仲よくすること)、夫婦の和(夫婦はいつも仲むつまじくすること)。朋友の信(友だちはお互いに信じ合ってつき合うこと)、謙遜(自分の言動をつつしむこと)、博愛(広くすべての人に愛の手をさしのべること)、修学習業(勉学にはげみ職業を身につけること)、智能啓発(智徳を養い才能を伸ばすこと)、徳器成就(人格の向上につとめること)、公益世務(広く世の人々や社会のためになる仕事にはげむこと)、遵法(法律や規則を守り社会の秩序に従うこと)、義勇(正しい勇気をもって国のために真心をつくすこと)である(聖徳記念絵画館、資料)。

(7)『万葉集』。現存する我が国最古の歌集(約四千五百首)、二十巻、編纂者はまだ明確にされていない。古くは勅撰であると考えられていたが、契沖の私撰説が出てからこれが定説となっている。しかし巻一・二については新たに勅撰説が出ている（『日本文学史の指導と実際』明治書院、参照）。

(8)『安加吉許己呂』。巻第二十、四四六五にみることができる。

(9)『菅原道真』。平安前期の人（西暦八四五〜九〇三年）。漢詩人、編纂したものに『菅家文草』十二巻。『菅家後集』（『西府新詩』一巻）。

(10)『山崎闇斎』。江戸時代の人（西暦一六一八〜一六八二年）。名は嘉・柯・字《あざな》は敬義。闇斎はその号、別号は垂加・梅庵。

(11) 垂加流。神道を朱子学の教義によって解明した山崎闇斎の学風を指す。

◇人間と天地二徳の関係を述べている古典漢文に次の三点（『礼記』『伝習録』『言志四録』）がある。

○人者其天地之徳。（『礼記』、礼運篇）

人はそれ天地の徳なり。（書き下し文）

○人者天地之心也。（『礼記』、礼運篇）

人は天地の心[(1)]なり。（書き下し文）

(1) 人は天と地の心（徳）である。また、「人間は天地の作る世界の中心」（竹内照夫、『礼記・上』三四四頁。明治書院発行）との訳がある。

○嘗聞、人是天地的心。（『伝習録』下巻、一三六条）

嘗て聞く、人はこれ天地の心[(1)]なり。（書き下し文）

(1) この条の首文に、「人心は物と同体なり」とするが、禽獣草木も同体なのでしょうかとの問いに、陽明は、「禽獣草木だけに限らず天地さえ我と同体、鬼神さえ我と同体である」として、「天地・万物と我とは一気で流通する、感応しあう機微、それはつまり霊明なものにほかならない」と説いている。この間に、「嘗聞、人是天地的心」とした言葉が、問者の言葉として出てくる。（大西晴隆・中田勝著、「王陽明全集第一巻『語録』」三六八頁。明徳出版社発行。）

○吾心即天之心。（『言志四録』、言志晩録）

吾が心は即ち天の心(1)なり。

（書き下し文）

(1) 自分の心は外《ほか》でもない天の心である。

○「真心」の本体とは何か

○眼に見えない至極《しきょく》(1)の善が、真心の本体である。

（『伝習録』下巻、一一五条）

無レ善無レ悪是心之体。

善《ぜん》なく悪《あく》なきは、これ心《こころ》の体《たい》(2)。

（書き下し文）

(1) 対々《たいたい》の善でなく、絶対の善のこと。陽明は、善とも悪とも名づけられぬものが至極の善であるとしている。至微至遠なるもののこと（中田論文、「福祉士の心の姿―王陽明の四句訣に倣う―〈本論〉」群馬社会福祉短期大学紀要、第3号）。

(2) 佐藤一斎（西暦一七七二～一八五九年。我が国、江戸時代の大儒）は、この「無レ善無レ悪是心之体」とは、謂二心之本体霊昭明覚一、無二善悪可レ指レ名、即所レ謂至善者也」（佐藤一斎編著、『伝習録欄外書』）とし、霊照明覚なるものが心の本体にして、別名、至善としている。

○誠が心の本体である。

誠是心之本体。 (『伝習録』上巻、一二二条。謝廷傑本)

誠はこれ心の本体なり。 (書き下し文)

「心」の字の本義[1]について、加藤常賢説に拠ると下記の如くになる。「『説文』に言うとおり心臓の象形である。『』。(字音)「息林切」〈シン〉である。この心臓を〈シン〉というに至った理由は、『白虎通』の情性篇には〈心の言は任なり、思に任ずるなり〉と、思慮に任ずるところから来たとみているが『釈名』の釈形体に〈纖〉字によって説明してあるのが正しいと思う。〈纖〉は〈細鋭〉の意で、心臓の鼓動の細鋭なところから来ていると思う。(字義)心臓の形である[2]」。

(1) 本義とは、もともとの意味。

(2) 加藤常賢博士著『漢字の起原』五六〇頁、角川書店発行。

四、「至誠」とは何か

結論を先に述べると、「至誠」とはこのうえもない真心（誠）の有様のことをいう。即ち『中庸』にて例証すると、次の言葉がある。

○至誠（このうえもない真心）には休息がなく、その働きは永遠であって、至大（非常に大きなもの）である。

至誠無レ息。（『中庸』、第二六章）

至誠《しせい》(1)は息《や》むことなし。（書き下し文）

(1) 至誠＝極めて真実なること。

○至誠なる人はその力が神明（かみ。天の主宰者）のごとき大いなる力をもつ。

至誠如レ神。（『中庸』、第二四章）

至誠は神の如し。（書き下し文）

○「この世で最もすぐれた至誠の人」（徳を修めること、聖人のごとき人）となったものだけが、世のなかに感化を及ぼすものである。

天下至誠為㆓能化㆒。（『中庸』、第二三章）

天下の至誠のみ能《よ》く化《か》することを為《な》す。（書き下し文）

ここにいたり、吾が身の至誠に到《いた》り吾が身の至誠を発揮する。つまり、致《いた》すとした吾が身を尽すということが、大きく浮上してくる。

五、「尽す」が極めて大切

○儒教、儒学について私（中田勝）は次の如く把捉している。

「儒教とは人の道を説く学問のことにして、人が世間に立って、人に処するにはどのようでなければならないかを諭している学問である。『己を修め人を治む』が儒教の目的とするところにして、それには『仁』をもってせよとしているのである。この仁は天の正理としたものが我が身に凝縮されたもの、すなわち、各人がそれぞれ有するところの『まごころ』としたものとして認識できる」（鈴木利定著、『儒教のこころ』。中田勝著、『儒教道徳の美』。ともに一頁、ともに中央法規発行）。この吾が身の『仁』とし『まごころ』としたものに到り、次に「尽す」（尽す―限りを致す。〈金澤庄三郎編、『小辭林』〉）ことが大切となる。致すことが重要となる。ここに至って知行合一《ちこうごういつ》説（実学。儒学の実践とした陽明学説）が大きく浮上してくる。

尽す。致す。ともに拡充到底するの意味がある。私は発揚する（吾が身が輝き、道心が発揚する）の意味があるのではないかと考える。碩学、那智惇斎（西暦一八七三〜一九六九年。名は敬典、通称、佐伝、また佐典）先生が、拳を握りしめ声を震わせ、「致スハ極メテ重大ナリ。アラユル学問ヲシテ致ス事ガ出来ルモノナリ。致《ち》ノ字ニ力ガハイル。一寸知ッタラ一寸行フ。本当ノ知行合一ニナラナケレバ、陽明先生ノ講義ヲ習フ訳ニユカヌ。人欲ヲ制シテ公ニ致ス。聖人ノ境涯ニ直チニハイルコトガ出来ル。良知（英知とか真心の意〈中田勝訳〉）ヲ知ッタカラトシテ最早ヤ、陽明ノ学ニ達シタトイフハ早合点ナリ。致スハ大事ナリ」（漢字は正字を用いられたが、今、常用漢字にて中田が記した。昭和十八年〈西暦一九四三年〉五月十四日、『伝習録』、「四句教」の授業中に、みずから板書されて）と教壇から説かれた。昨日の如く、忘れることができない。…共に皆様とここのところを努めようではありませんか。

○「人は礼にはずれない行為が大切である」。

鸚鵡能言不レ離二飛鳥一。猩猩能言、不レ離二禽獣一。今人而無レ礼、雖二能言一、不二亦禽獣之心一乎。是故聖人作、為レ礼以教レ人、使四人以レ有レ礼、知三自別二於禽獣一。

（『礼記』、曲礼上）

鸚鵡《おうむ》(1)はよく言《ものい》へども飛鳥を離れず。猩猩《しょうじょう》(2)はよく言へども、禽獣《きんじゅう》(3)を離れず。今《いま》人にして礼(4)なくんば、よく言ふと雖《いえど》も、また禽獣の心ならずや。この故に聖人・作《おこ》り(5)、礼を為《つく》りて以て人に教へ、人をして礼あるを以て、みづから禽獣に別《わか》つことを(6)知らしむ。（書き下し文）

(1) 人語をまねる習性がある。
(2) オランウータンをいう場合もあるが、ここでは想像上の動物。
(3) 鳥やけだもの

(4) 伝統的な制度、風俗、習慣など社会の秩序を維持するためのきまり。礼儀（人が行動するときに守らなければならない作法。礼はそのうちの大きいもの。儀は細かいもの）。日常生活の作法（しぐさ）や法律などをいう。

(5) 奮いたって。

(6) 区別することを。

※ 蛇足であるが、「鸚鵡能言…」条は、昭和四十九年度版（西暦一九七四年）。『大学入学資格検定便覧』、日本加除出版発行に収録（昭和四十八年度大学入学資格検定の試験問題〈「古典I」〉）されている。素稿の問題作成の一翼を担ったことを忘れることができない（中田勝、説明）。

解説（前記）に見ゆる文献

前記の「仁」、「真心」、「至誠」、「尽す」の本義とその功用について示した引用文献の特色について述べると次の如くになる。

㈠

○『論語』。論語とは本の名前のことであって、内容は孔子やその門人の言行を集めたもの。二十篇。孔子の死後、その学統を継ぐ人たちの編集したもの。孔子その人の人物、思想を知るのに最も重要な書物にして、中国古典のなかで特に尊重されている。四書の一つ。

○『中庸』。中庸とは本の名前のことであって、子思《しし》（孔子の孫）の著とするのが通説である。もと『礼記《らいき》』の一編であった。「中庸」とは、極端にかたよらず、天道にもとづき中正の道（中庸）を重んずべきことを言い、「誠」を説いた。四書の一つ。

○『孟子』。孟子とは本の名前のことであるが、内容は書名と同じ文字の孟子（人名）と諸侯およびその弟子との問答・議論が集めてある。七編。仁義を説き、性善説にもとづく王道政治を主張している。四書の一つ。

ちなみに、

○『大学』とは同じく本の名前のことにして、もと『礼記《らいき》』とした本の中の一編。昔の大学（学校の名）の教えをのべたもので、儒学の根本を説いた。四書の一つ。

右の『大学』『中庸』『論語』『孟子』を四書という。儒家の教科書ともいうべき古典。

(二)

○『礼記《らいき》』とは本の名前のことであって、周末・秦漢時代の学者が古代の法制や礼に関する説を集めた本。五経の一つ。ちなみに五経の中で『易』は哲学の書であり、『詩経』は詩集で純文学の書であり、『春秋』は編年体の歴史である。『書経』は唐虞三代の政治の書物で、時代の順に編纂されている。

五経《ごきょう》とは『詩経』『書経』『易経』『春秋』『礼記』の五つの経書《けいしょ》。儒学の哲学文学書というべき古典。孔子は晩年の四、五年間にみずから編纂して後世に伝えたとされる。現存の本である。

(三)

○『伝習録』とは本の名前のことであって、上中下三巻がある。王陽明とその門人、及び王陽明と高名な学者との書簡文の応答文、問答語を収録している。伝習の文字は、『論語』学而篇より取っている。『王文成公全書』全三十八巻の内、巻一〜三に、『語録（伝習録）』として収録されている。

㈣

○『言志四録』とは本の総称で、江戸時代後期の儒者、佐藤一斎の著書である『言志録』『言志後録』『言志晩録』『言志耋《てつ》録』を合わせていう。実践的な教訓を述べた語録。

◇福祉の文字の出典を古典に探ると、次の如くになる。

○私に福祉(1)を賜われば、寿算(2)は尽きることがないであろう。

（中田勝訳）

○賜㆓我福祉㆒寿算無㆑極。

（『易林《えきりん》』(3)、大有）

(1)福祉＝さいわい。しあわせ。(2)寿算＝いのち。(3)『易林』＝十六巻。漢の焦贛《しょうこう》の撰にして、『易経』の研究書。

本書（『咸有一徳―昌賢学園の全人教育―』）の目標

幼稚園、小学校、中学校、高等学校を終え、数年後には文字通り実社会に立つ、希望に満ち満ちた学生諸君である。本学の伝統に培《つちか》われた知性、内より輝くマナーを本当に身につけていただきたい。大学、専門学校、青春をエンジョイしようとの甘えは許されない。天職に生きる皆様ではないか。立ち止まらずに、さらに温故知新、つまり道徳礼法合一の学生々活を保持し、道徳礼法並進の人になっていただきたい。

◇話を前に戻して第一編・第二編・第三編の配列は次の如くになる。
○第一編には、「家庭生活における基本的なマナー」について記した。
○第二編には、「福祉界が今、望んでいるマナー」について列記した。

○第三編には、「ボランティア活動における品位あるマナー」について詳記した。
○第四編には、「学校生活における品位あるマナー」について詳記した。
頭注にはそれらのことが人間としてたいせつであることを説く古典、及び先達のことばを配列し、本文の条文末には（　）を付して、参考にした諸文献（出典）、並びに先達者名を中田勝が記した。

また、本文の条文末に略記、及び識者名のないところは、同じく中田勝が補完した条文である。

なお、茶道・華道・冠婚葬祭・和食洋食中華料理、等における作法については、各自の研鑽を望むこと切である。

各種のスポーツ、各種の武道、それぞれにルールがあって優劣が審判される。敗者勝者を問わず、スポーツ人としての、武道人としての、ルール以前のマナーが望まれる。各人がそれぞれの道にまた精進して欲しい。
○附編には、三重松菴著・『王學名義』を載せた。親義別序信（五倫）、仁義礼智信（五常）を講ずる名著である。漢文のところは中田勝が訳した。

◇『王學名義』について

著者、三重松菴は江戸時代、京都の人にして、名は貞亮。通称は新七郎。号は松菴といい、生歿の年代は不明であるが、『王學名義』の末文に、元禄壬午七月、とあるから、それをもって考察すると、元禄壬午の年は和暦が元禄十五年（一七〇二）であるからして、そのころの人であることがわかる。松菴の学譜は、初め仏教に従事し、続いて朱子学を修めたが、心に厭き足らずして、次に陽明学書の『伝習録』を読んで、ついに陽明学を信奉するに至った篤学の人である。

著書、『王學名義』は、始めに近江八幡の人にして、松菴門下の豊満教元の、師伝の『王學名義』を刊するの序を、漢文に句点と訓点を施して載せている。『王學名義』の終りには、著者・松菴が、自著『王學名義』の執筆動機を同じく句点と訓点を施した漢文をもって表記している。曰く、「村上明亮なる十七歳の学徒が、時風に拘わらず、とくに教を松菴に請願してきた。『名義』を暁らずにその道に通じたいとすることは、七年の病に三年の艾を求むると同じで、難しいことである。元禄十五年にこの書を撰述して授けたものである」（原漢文）と。門人、豊満教元は云う、「先生は嘗て九経を研究し、諸賢を折衷し、おもえらく、先生王子の致良知および知行合一の旨は、世教に切近にして、実に孔孟の正宗なりと、しかれども本邦近世まま陽明学と称するものあり、しこうしてその説解、王子に違うものが多くして、先生はこれを嘆いて『王学名義』を著わす。意・初学を発し薬せんと欲す。その書たるを演ずるに方語をもってし、録するに国字をもってす。その『名義』におけるや、昭々乎として日月を掲げて太虚を照らすがごとし、嗚呼・真の明師と謂うべし」（原漢文）と。

内容

『王学名義』は右にもあるように、方語を、漢字の読み仮名としてつけている。国字の片仮名と漢字まじりの文が本文である。つまり、本文は漢文で記述されていない。

（漢字は原文のとおり正字で、漢字の読み仮名は施してあるものと同じく、当時の読み仮名で、ただし、漢字の読み仮名および本文の片仮名の記述は、平仮名に書き改めて載せた。なお、前序の豊満教元の漢文と、跋文の三重松菴の漢文は、書き下し文に、ここに書き改めた。）

『王学名義』は上下二巻で、その内容は左記のとおりである。

上　巻

「致《ニ》二良知《ヲ》一　父子有《リ》レ親　君臣有《リ》レ義

夫婦有《リ》レ別　長幼有《リ》レ序　朋友有《リ》レ信

孝」

下　巻

「大学《ノ》説　仁義礼智信　孝弟忠信

心性情　理気　知行合一

四句《ノ》教法」

昭和の碩儒《せきじゅ》、山田済斎（西暦一八六七〜一九五二年）いうに、「右は陽明学の致良知に始まり、知行合一、及び陽明最後の教則なる四句ノ教法に終り、中間に五倫五常及び大学、理気等を収む。以て独り名義の末のみならず、此れに由って道の大体を宣明せる深旨を窺うべし」（大東文化、第8号。昭9・12）と。

本文

第一編　家庭生活における基本的マナー

一　両親や祖父母から名前を呼ばれたときは、「ハイ」と返事をすること。

二　家庭では朝晩、「おはようございます」「おやすみなさい」を欠かさず、出かけるときは、「行ってまいります」。帰宅のさいは、「ただいま帰りました」というあいさつを両親や保護者に欠かさないこと。学校以外にでかけるときは、出先と、帰宅時間を必ず伝えること。

三　清らかで豊かな心情は美しい環境に育つ。家庭にあっては、玄関・応接室・客室・居間はもちろん、洗面所にいたるまで、つねによく清掃し、調和のとれた状態を維持したいものである。絵・置き物・カーテン・テーブルセンターなどに

孝百行之本

―孝は百行のもと―。

孝行はもろもろの善行の根本である。（『論語』、鄭注）

子曰、父母之年、不可不知也。一則以喜、一

も心を配《くば》り、四季おりおりの花で部屋を飾る心もゆかしいものである。

四 人生の大半を社会のため、家族のために尽した老人に尊敬といたわりの気持ちをもつことは、家族として当然のことです。こうした気持ちを、日ごろのあいさつやことばづかい、動作に表わすことは、高価なプレゼントにまさるものです。

五 身体(目・耳・足など)の不自由な人に出会ったら、道を譲ること。

六 交通法規を守り、安全運転に努むること。

七 深夜にわたる電気機器の使用は、両親・祖父母・幼ない弟妹の睡眠を邪魔しないよう心掛けること。

八 乗り物のなかは、お互いによごさないように注意し、新聞や雑誌を網だなや座席に置き去りにするのはやめましょう。大きな荷物で座席をふさいだり、混雑している場所にひとりでゆったりとかけたりしないこと。座席はひとりでも多くの人がかけられるように互いに譲り合う気持ちがたいせつです。また乗り物のなかでは、他の乗客に迷惑をかけないようにしましょう。

則以懼。—子曰く、父母の年は、知らざるべからず。一は則ち以て喜び、一は則ち以て懼る。(『論語』里仁)

子曰、参乎、吾道一以貫之。曽子曰、唯。—子曰く、参よ、吾が道は一以てこれを貫くと。曽子曰く、唯《い》(ハイ)と。

（『論語』、里仁）

従心所欲、不踰矩。―心の思うところに従って言動しても道徳とした善行にぴたりと中《あた》る。（『論語』、為政）

「孝」の実践八ヶ条（森信三先生講述『現代における孝の哲理』による）―人間形成へ

〇バス・電車・列車

A、出入り口に立ちふさがらないこと。

B、座席には深く腰をかけ、足を組んで前に突き出すようなことはしないこと。

C、シルバーシートは、老人や病人またはからだの不自由なかたのために設けられた優先席です。これに協力しましょう。

D、他人の頭上で新聞を広げたり、大声で談笑したりすることは慎みましょう。

〇　**飛行機・船舶・その他**　飛行機は出発に際し、搭乗手続があるので、二時間ぐらい前までに飛行場につくようにします。機内では、サインやアナウンスに従います。離着陸のときは、ベルトを締めます。救命具の位置、使用方法などはキャビンアテンダントの説明をよく聞いて確認します。夏の海や湖水を暴走するモーターボートは、遊泳者にとってたいへん迷惑になりますから、よく注意しましょう。また、エレベーターでは、特に定員を守り、エスカレーターでは、駈け昇りや駈け降りをしてはいけません。

九　電車など車内での通路座りは他の乗客の迷惑になり、また車内での携帯電話の使用は、乗客のなかで心臓医療機器を用いているかたの医療機器の電波障害を起しますので使用はやめましょう。車内での通話も同様です。

一〇　化粧《けしょう》をなおしたり、靴下をとめたりするのは人前では禁物《きんもつ》です。うしろを向いていてしてもいいことにはなりません。必ず別室か手洗所にいっていたします。

一一　学校生活を含めて、行事・授業、登校・参加には、その場所にすくなくとも十五分前ぐらいには到着し、開始の五分前には、息《いき》を整えた各人が、その場所・定まった席（教室）に着いていること。そのように努めること。

の努力精進を怠らないということが親を安んずることであり、とりもなおさず孝道につながる根本的道でありますが、参考までに「孝」の日常実践について箇条書にいたします。

1　親や祖父母へ必ず朝・晩のアイサツを—。
2　親や祖父母から呼ばれた時は「ハイ」の返事をハッキリと—。
3　親への報告や便りを怠らぬこと。
4　わが誕生日は、親へ贈り物を—。

5　就職初任給の半分は親へ捧げること。

6　兄弟姉妹と仲よくすること。

7　祖父母や親の法要・墓参を怠らぬこと。

8　身を立て道を行ない親の名を汚がさぬこと。（『新練成行特集』尽誠学園研修道場、六頁。〈発行者、尽誠学園・学園長大久保紫朗先生〉）

子見斉衰者、冕衣裳者、與瞽者、見之、雖少必作。―子《し》、斉衰者《しさいしゃ》と、冕衣裳者《べんいしょうしゃ》と、瞽者《こしゃ》とを見《み》るに、これを見れば、少《わか》しと雖《いえど》も必《かなら》ず作《た》つ。（『論語』、子罕）

升車、必正立執綏。車中、不内顧、不疾言、不親指。―車《くるま》に升《のぼ》るときは、必ず正《ただ》しく立《た》ちて綏《すい》を執《と》る。車《くるま》の中《なか》にては、内顧《ないこ》せず、疾言《しつげん》せず、親指《しんし》せず。（『論語』、郷党）

第二編　福祉界が今、望んでいるマナー

一　先輩や上司のいいつけは、正確・迅速に遂行し、結果は必ず報告のこと。失敗に対して注意を受けた場合は、いいわけするよりも、素直に謝るほうがお互いに気持ちがいいものです。

二　清潔な被服・身体であれば、どんな粗末な服装であっても、いつでもそのまますぐ人前に出て無礼にわたる心配はない。

三　服装について

〔男性の服装〕

○「スーツ」。紺かダークグレイが定番。

○「ワイシャツ」。色は白の無地。

人須在事上磨錬做功夫、乃有益。――人は須《すべか》らく事上にありて磨錬して功《く》夫《ふう》を做《な》すべく、すなはち益あり。（『伝習録』下巻、第四条）

過猶不及。

○「ネクタイ」。スーツと同系色を選ぶ。柄は無地、又は小さめの模様、ストライプなど。

○「靴・靴下・ベルト」。靴は黒が定番（スーツに合わせて茶系も可）※靴のよごれに注意。靴下はスラックスと同色がベスト（白は厳禁）。ベルトも靴と同色がベスト。

○「カバン」。スーツの色に合わせるか、黒か茶色が無難。

〔女性の服装〕

○「スーツ」。紺・グレイ・ブラウン系が定番（本人に似合う）。形はテーラード型かノーカラー型がベスト。スカートはタイト型。

○「ブラウス」。色は白がベース。

○「リボン・タイ」。襟元を美しく見せ、個性的に演出する。

○「靴・靴下・ベルト」。靴はスーツに合わせ黒・茶のパンプスが定番。ヒールの高さは五センチ程度、もちろんきれいに磨いておく。ストッキングはナチュラ

—過《す》ぎたるは猶《な》ほ及ばざるがごとし。（『論語』先進）

衣服—「身のかざりに心を用ひ過《すご》すべからず。ひまつひえて益なし。『左傳』に、〔服の衷《ただ》しからざるは身の災なり〕といへり。きる物のただしからずして、その身に似合は

ざるは、身のわざわひとなる。このためし世に多きことなり。いましむべし。『國語』に曰く、「服《ふく》ハ心《こころ》之《の》文《あや》也《なり》」。心のこのむことを身にも必ず服する故に、衣服は心の外にあらはるる文《あや》なり。正しからざる服きたるは、

ルなものを（黒は客商売と誤解されるため厳禁）。

○「バッグ・アクセサリー」。ショルダーかハンドバッグが定番・色は靴と合わせるか同色系が無難。アクセサリーはつけないのが原則。ピアス・香水はつけないこと。

○「ヘアスタイル」。ショート・ロングともOK（手入れを入念にする）。ヘアダイは厳禁。額を出して耳を見せると、知的で明るく見える。

○「化粧」。ナチュラルメイクが基本。口紅はやや明るく自然な色でパープル系は厳禁、アイラインも厳禁（アイシャドーをする場合でも青か茶色が基本）。手の爪は必ず切っておくこと（案外目立つもの）当然マニキュアは厳禁。

四　面接試験場でのマナー

〔面接試験での対応〕

(1)面接の順番がきて名前、番号が呼ばれたら「ハイ」と返事をする。

(2)面接会場のドアを「ノック」し中からの返事を待って入室する。

心の内・見えてはづかし。つつしんでえらび用ふべし。衣服は常に用ひて、いつもよき製法染色あり。時の好みにしたがひ、世のあしき俗にうつるべからず。」（『大和俗訓』、貝原篤信著、〈号、益軒〉、巻之五。岩波文庫本、一三一頁）

(3)ドアを明けたら、ドアノブを握ったまま中へ入り、反対の手で内側のノブに握り変え、ゆっくりきちっとドアを閉める。その後・向き直って面接担当者へ、男性なら「失礼します」、女性なら「失礼いたします」とはっきり挨拶をする。

(4)挨拶をすると「こちらへどうぞ」と声がかかったら「ハイ」と返事をし、椅子の横まで歩き、名乗る。

(5)面接担当者から「お座り下さい」と指示がある。それを受け「失礼します」と言ってから着席する。名乗っただけで勝手に着席しないこと。

(6)着席したら、まず、面接担当者の頭から肩の三角ゾーンに視線を置く。相手の「目を見て話す」ことが基本だが、実際には鼻またはネクタイの結び目あたりを見て話す。

(7)面接担当者が「以上で終わります」と言われたら立ち上り、椅子の横に立ち、「ありがとうございました」と一言、感謝の挨拶とおじぎをする。出口のドアの前で面接担当者の方に向き直って、「失礼いたします」とおじぎをし、ドアを開けて退室する。

五　ボランティア活動におけるマナー

〔身だしなみについて〕

○服装、アクセサリー。

◎清潔であること。

◎目立たないこと。

◎機能的・動きやすいこと。

◎品のよいこと。

本学では、ジャージ・エプロンと運動靴がボランティア活動の服装になっております。入浴の介助など濡《ぬ》れる場合はTシャツに着替えるなど目的に合わせた服装、状況にあわせた対応、きめ細かい配慮が必要です。

指輪、ネックレス、イヤリング、ブローチ、ピアス、腕時計などアクセサリー類はボランティア活動には不必要です。ボランティア先からも望まれておりません。

○髪、爪。

髪は清潔にし、ボランティア活動する上で、邪魔にならないようにまとめます。爪は、相手を傷つけないようつねに手入れをして短くそろえ、マニキュアはしないことです。

〔言葉づかいについて〕

○好ましい言葉づかい。

誠意をもって話すこと。節度ある言葉づかいを心がけたいものです。

○明るい言葉はおだやかな心と笑顔から発せられます。相手から緊張感を取り除き、人と人のふれあいの第一歩をつくることになります。

○心をこめて、話すように努めることが大切です。

○相手の条件や立場に合わせて、相手が老人か、子供か、同じ世代か、寝ているのか座っているのか、難聴があるのかなど、年齢や身体的条件に合わせて話しかけることが大事です。こちらも膝を折ったり、座るなど、目の高さ、顔との距離などの気くばりが大切です。「先生」と呼ばれている人の場合は、他の人がそうしているように「先生」と呼ぶなど、相手との自然な交流がもてるような表現をすることです。

○相手にわかってもらえるように、伝えたい内容を自分自身で整えて話を切り出すようにします。

○必要なことを優しく、内容が間違いなく伝わるように努めます。

○相手のプライドをそこなわないように、言葉を選んで話すようにします。

○言葉の意味が相手に理解されない用語（流行語、略語、専門用語）については気をつけるようにしましょう。相手のかたが理解できない言葉を使ってこられた場合は、素直に問い返したり、誤解が生じないようにします。

○敬語を適切に使えるように努めます。

〔あいさつと自己紹介〕

○朝・昼・夕のあいさつだけでなく、「ありがとうございました」（感謝の言葉）、「おつかれさまでした」（ねぎらいの言葉）などが自然に口より出るように、心がけましょう。

○他《ほか》のボランティアの方々に対して。

ボランティア先の人から紹介していただくことを基本としますが、必要によって自己紹介するときがあります。臆《おく》せず自己紹介します。お医者さん、看護婦さんとの出会いでは、「よろしくお願い致します」の言葉が、よい人間関係をつくるのに大切でしょう。

〔はじめてのボランティア先を訪問するとき〕

○服装は制服（奉仕作業に必要な別の服、運動靴も持参のこと）で、所属大学・専門学校生としての自覚と見識をもって下さい（ボランティア先では、私たちひとりひとりが所属大学、専門学校の代表者です）。

○あらかじめ定められた業務内容を十分に把握してから訪問します。紹介状がある場合には紹介状を持参するようにします。
○訪問の日時、約束の時間は厳守のこと。ぴったり、約束の時間に受付に立つのが一番よいのですが、遅れるよりは十五分前ぐらいに到着し、「お約束より少し早くなりましたが」と言葉を添え、遅れた場合（絶対にあってはならないことですが）は「遅れて申し訳ございませんでした」と謝ります。
○自分の身分について学校名、氏名を紹介し、訪問の目的をはっきり、相手に伝えます。

職場の「ホウ・レン・ソウ」報告・連絡・相談

〔ボランティア先での大切なこと〕
○仕事の独断はさけ、施設長のかたへの連絡、報告、相談を忘れないで下さい。
○私たち自身の「人間性を十分に発揮すること」、「人間性を磨《みが》く」ことに努めること。

〔ボランティア、終了時に大切なこと〕
○参加の時もそうでなくてはならないが、終了時には忘れることなく、みずから所属大学・専門学校の責任者へ、その旨を報告のこと。

第三編　ボランティア活動における品位あるマナー

はじめに

学園のボランティア活動は、週一回の講義と原則毎週土曜日の活動で組み合わされている。活動については、活動を希望する活動先（福祉施設・市民団体・病院等）の責任者や団体の事務局などに活動の許可を得るところから始まる。

まず、住んでいる処の周辺にどのような活動先があるのか調べるところから始まる。その際、高齢者施設、障がい児・者施設、ＮＰＯ法人、総合病院といった職種や種別も考慮して調べることが重要である。調べる方法としては、下記のような方法がある。

①住んでいる市町村にある社会福祉協議会に相談する。

②本学園地域連携センターに相談する。

以上の他に、インターネットで、施設や団体のホームページにアクセスして調べることも有効である。

活動したいと思う施設・市民団体・病院等が決まったら、本人又は代表者（同一の施設・市民団体・病院等に複数の学生が活動を希望した場合）が活動希望先に連絡して訪問日を決め、依頼に行く。

なお、事前の話し合いで、活動が可能である確認が取れた場合は、訪問日より前に地域連携センター（看護学部・リハビリテーション学部においては、それぞれ教員組織としてボランティア委員会があります）に公式のボランティア活動依頼状の発行を申請し、当日持参する。

訪問した際に、希望する活動内容や曜日・時間等を担当者と相談することになるが、最終的には希望先の意向を受けて決定する。

活動初日までに、活動先の案内所（パンフレットなど）を入手し、活動希望先についての概要を調べておくこと。併せて、地域連携センター（看護学部・リハビリテーション学部においては、それぞれのボランティア委員会）に「ボランティア活動開始願」を提出すること。

活動初日には、必ず、「ボランティア活動紹介票」を持参すること。

付記：以上については主として前橋キャンパスの学生に関する記述である。看護学部・リハビリテーション学部の学生は、担当の教員の指示に従うこと。

ボランティア活動をはじめるまでの留意点

ボランティア活動を行う際は、ボランティア活動先の習慣を理解し、何よりも先方に受け入れられ、好ましい関係が出来るようなマナー（態度・動作）が求められる。清潔な身だしなみ、感じの良い言葉遣いができ、信頼されて活動が続けられるよう、マナーを磨きたいものである。

私たちにとって「マナーを磨く」ということは、医療・福祉・教育に携わるものとして「心を磨く」、「人間性を磨く」と同じ意味である。携帯電話で友達と話すような訳には行かない。

本学園の学生は、将来福祉や保健医療及び教育に携わるための専門的な学習をしているわけであるから、一般人と同じ感覚であってはいけない。ボランティア活動は遊びの延長ではない。その為に必要なルールやマナーに関する注意事項を以下に記すこととする。

電話のかけ方

希望のボランティア活動先を決定したら、最初に活動の承諾を得ることが必要である。その際、次の例のような手順で電話をかけ、先方に伺いを立てる。

（例）

①電話をかける前に	・電話番号の確認、必要な資料を手元に揃える ・メモの用意
②電話が繋がったら	・相手を確認する ・時間に合わせた挨拶をする
③学校名・名前を名乗る	・「群馬医療福祉大学（群馬医療福祉大学短期大学部）の学生で○○○○と申します。」
④取り次ぎを依頼する	・「ボランティアのことでお伺いしたいのですが、恐れ入りますが、担当の方はいらっしゃいますか。」
⑤本人かどうか確認する	・「ボランティア担当の方ですか？　お忙しいところ申し訳ありません。」
⑥挨拶 ⑦用件を話す	・「はじめまして。私は群馬医療福祉大学（群馬医療福祉大学短期大学部）○年の○○○○と申します。ボランティアをさせていただきたいと思い、お電話いたしました。･･･」 （上記のように切り出し、先方に伺う日時等について相談する）
⑧内容を確認	・失礼にならないように内容を反復し確認する。 （必ず担当者のお名前を伺う）
⑨受話器を置く	・「それでは○月○日の○時に伺わせていただきます。どうぞよろしくお願いいたします。」 ・相手が受話器を置いたことを確認してから電話をきる。

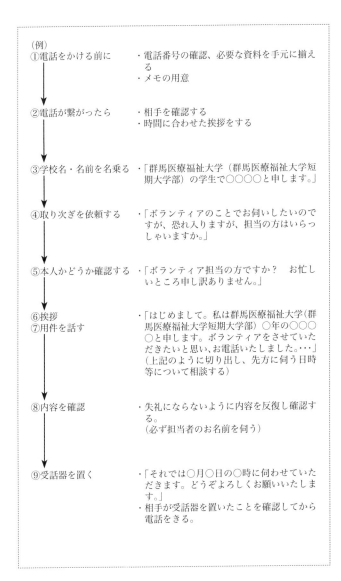

初回訪問時の挨拶

希望先（受け入れ先）を訪問するときには、第一印象が重要である。きちんとした挨拶をすること。その他の注意事項を下記に示しておく。

①あらかじめ定められた業務内容を十分に把握してから訪問すること。
（公式のボランティア依頼状を持参すること）

②訪問日時、約束した時間は厳守する。約束の時間の十分前には到着するように気をつける。遅れた場合（決してあってはならないことであるが）は「遅れて申し訳ございません」と謝ることが重要であり、マナーといえる。

③もし、訪問日時、約束した時間に伺えない状況になった場合は、可能な限り事前に電話連絡する。当日の体調不良等の場合でも、約束の時間の前に必ず電話連絡する。

④受付で、多少大きな声で快活に「おはようございます」「こんにちは」と声をかけ、相手が気づいてくれるまで待ち、少し経っても返事がない場合は再度ノックし、声を

出して挨拶する。
⑤相手に対し、自分の身分（大学名、氏名等）を伝え、訪問の目的をはっきりと伝える。
（例）「私は群馬医療福祉大学（群馬医療福祉大学短期大学部）から参りました○○○○と申します。今日ボランティアの打ち合わせで、○○時のお約束で伺いました。担当の○○様はいらっしゃいますでしょうか」
⑥あらかじめ電話等で確認したボランティアの内容と相手の要求が共通のものであるかどうか確認する。異なっている場合は改めて自分にできることかどうかを判断する。判断に迷う場合は、曖昧な返事をせず、「再度検討して、後日ご連絡いたします」と伝え、地域連携センターや担当教員に相談する。
⑦ボランティア先での活動に関わる問題について、何か問題が起こったり、判断に苦しむことが発生したら、小さなことでも担当者への「ホー（報告）レン（連絡）ソー（相談）」を行う。

訪問時のチェックポイント

希望先（受け入れ先）を訪問するときには、第一印象が重要である。利用者や施設の方などに悪い印象を与えないようなきちんとした身だしなみをすること。その他の諸注意事項を下記に示しておく。

①頭髪（ボサボサであったり、着色があったりしないか。前髪、襟首の髪の長さも気を配る）
②衣類の清潔（襟元や首筋の汚れはないか）
③爪（短く清潔かどうか。マニキュアは落としたか）
④服装（打ち合わせの場合は制服、実際の活動は大学指定のジャージが基本である。Gパン、スウェットなどは「動きやすい格好で」と言われてもNGである）
⑤靴（実際の活動は、運動靴などの動きやすい靴が基本である）
⑥装飾品（指輪、ネックレス、ピアスなどは活動時に危険を伴うこともあるので身につ

けない）

また、女性の場合は長い髪は後ろでまとめ、化粧も必要最低限にする。

ボランティア活動の際の留意点

実際にボランティア活動をする際は、施設・団体等の担当者の指示を仰ぎ、活動する。基本的に、指示された内容の範囲で活動を行うようにする。不明な点や疑問な点があれば担当者に報告、連絡、相談をする。何か自分自身では解決が難しいことがあれば、大学まで連絡する。〇二七‐二五三‐〇二九四（前橋キャンパス事務局）、〇二七‐二四‐二九四一（藤岡キャンパス事務局）、〇二七‐二一〇‐一二九四（元気21キャンパス事務局）〇二七‐二五一‐〇一一七（地域連携センター）

また、やむを得ず遅刻・欠席しなければならない場合は、必ず活動先（施設・団体等）に電話で理由を告げ、許可を受ける。

最後に、ボランティア活動終了時には、次回の訪問時間等の確認を行い、終了の挨拶時にはお礼の言葉を一言添えること。

(例)「今日は初めての訪問で、何かと不手際が多く失礼いたしました。私にとっては大変勉強になりました。これからもよろしくお願いいたします。次回○月○日○時でよろしいでしょうか。ではまたお伺いいたします。」

挨拶と自己紹介

他人との最初の出会いは挨拶から始まり、別れもまた挨拶で終わるのが常識である。上手な挨拶ができることは、人間関係を円滑にする手立てとなる。

朝・昼・夕の挨拶だけでなく、「ありがとうございました」という感謝の言葉、「お疲れさまでした」というねぎらいの言葉等、挨拶は日常生活の中にたくさんある。時と場所、状況に配慮して、自分から進んで挨拶を行うことが重要である。

〈挨拶の仕方〉

時と場所、状況に応じた挨拶の仕方があるが、基本的には次の点に注意する。
◎相手の顔を笑顔で柔らかく見る。（ジロジロ見たり、厳しい目つきをしたりしない）
◎はっきりした声で気持ちよく挨拶する。（ぼそぼそした声で、うつむいたりしない）
◎挨拶に集中する。（他のことをしながら挨拶をしない）
ボランティア活動先では、常にねぎらいの言葉をかけ、初対面で顔を合わせたときは進んで挨拶と自己紹介をすることが人間関係を円滑にする方法である。

＜他の職員やボランティアに対して＞

医師・看護師・他のボランティア等と一緒に仕事をする場合、必要があるときはボランティア活動先の職員から紹介をしていただくことが基本である。また、了解を取って自己紹介をしよう。医師・看護師らとの出会いでは、「ご指導をお願いします」「よろしくお願いいたします」という言葉を添えると、連絡を取るときにも役割分担をしてチームを組む場合にも、よい関係が作りやすくなる。

再び言葉遣いと態度について

言葉遣いは、人間関係の基本となるものである。言葉遣いは生まれ育った地方、両親の躾等により大きな違いがあり、同じ言葉を使っても相手や土地柄により好感が持たれたり、不快な感じを与えたりということもある。ボランティア活動先の利用者も様々な生活背景があり、言葉に対する理解の仕方や受け止め方も人それぞれである。

ボランティア活動では、どのようなときでも利用者に理解され、好感の持たれる言葉遣いをすることが重要である。そのためにはまず、自身の言葉遣いがどのような特徴を持っているかを知り、福祉や保健医療の専門家として基本的な言葉遣いを心がけることが大切である。人・時・場・状況等により言葉の使い分けをすることもできなければならない。

〈好ましい言葉遣い〉

まず誠意を持って話すこと。親しさを込めて話すことは、相手の人格や立場を認めた上での親密感を表すものであるが、馴れ馴れしく話しかけるのはいけない。節度ある言葉遣いを心がけよう。

目上の人や利用者を呼ぶときは、姓に「さん」を付けて呼ぶことを基本とし、常に敬語で話すようにしよう。馴れ馴れしく話すと、相手に不快感・不自然感を与えることが多いので、言葉遣いと同時に一定の距離を保つよう心がけるべきである。

〈明るくはっきりとした言葉遣い〉

明るい言葉遣いは、穏やかな心と笑顔から発せられるとともに、相手から緊張感を取り除き、人と人のふれあいの第一歩をつくることになる。

ハッキリ発音し、大きな声で話の内容が正確に伝わるようにすることが大切である。

〈心を込めて〉

言葉遣いと態度は切り離せないものである。言葉遣い、話すときの表情、身振り、そして、相手の話を聞く態度等も加わって、それら全体の態度が他人に好感を与えたり、逆に嫌悪感を与えたりする。上っ調子の言葉遣いではなく、落ち着いて心を込めて自然に話せるように努めることが大切である。

＜相手の条件や立場に合わせて＞

相手の反応（表情や言葉の調子等）をよく察知しながら、話し方を相手に合わせること。相手が高齢者か、児童か、同世代か、あるいは寝たきり状態か座っているのか、難聴があるのか、視覚に障害はないか等、年齢や身体条件に合わせて話しかけることが必要である。

聴覚に障害のある方や高齢者の場合は、ゆっくりと顔を近づけ、聞こえる側の耳に向かっていつもより大きな声を出して、ゆっくりと話すこと。児童であれば膝を折り、寝たきりの人であれば座る等、声の大きさ・速さ・目の位置・顔との距離に注意して話すよう心がける。また、常に「先生」と呼ばれている利用者の場合は、他の人がそうしているように「先生」と呼ぶ等、相手との自然な交流が持てるような表現をすることが、コミュニケーションを取る際に重要なことである。

〈相手に分かってもらう上手な話し方〉

単なる挨拶なのか、質問なのか、こちらの考えている問題を検討していただきたいのか、話題提供なのか、まず話の意図を自分自身の中で明らかにすることが必要である。そして、質問であれば、「○○しましょうか」「○○してもよろしいですか」と話を切り出すことが大切である。

〈必要なことや問題の部分をぼかさずに伝える〉

話の前置きが長かったり、色々例題を出して話をしたりすると、中身が膨らみ、回りくどくなり、そのためにかえって分かりづらくなる。

必要なことや問題点を前もって話すように努めなければならない。相手が察してくれるようにと誰でも期待を持ちがちである。相手が気づいてくれないとその人を非難がましく見たり、誤解が生じたりして、問題の解決が遅れることが多々ある。

〈適切な表現、好意的な表現であること〉

「ものは言いようによって角が立つ」と言われるが、話の内容・相手の言い分は分かったけれど、どうも気持ちがすっきりしない、不愉快である等ということはよくある。相手の感情を傷つけないような言葉遣いをしないと、なかなか相手に分かってもらえない。好意的な言い方を覚え、使いこなせるようにすることが大切である。何よりもそれは、相手をよく思う気持ちから発せられるのだ、ということを心に留めておく必要がある。

〈共通の言葉を使う〉

仲間同士の言葉遣いや自分勝手な解釈で使っている言葉・方言・流行語・略語・専門用語・外国語等、言葉の意味が相手に理解されない用語は使わないことが大切である。特に、「さあ、さあ」や「そうじゃん」のような話し言葉は、相手に品位を感じさせないばかりか、聞き難いので絶対に避けること。

また、専門用語は理解できないだけでなく、相手に威圧感を与えるので注意すること。

相手に分かってもらえるような説明ができるかどうかが、その人の医療・福祉・教育の専門家としての優秀さを左右するのだということを忘れずに対応しよう。また、相手が理解できない言葉を使ってきた場合は率直に問い返し、誤解が生じないように配慮することが重要である。

ただし、いちいち問い返していると話の流れを中断させて相手に不快感を与えたりすることもある。全体の流れの中で理解するように努め、話が一段落した時点で「このような意味ですか」と確認することも大切である。

〈敬語が使えるように〉

話し言葉は、書き言葉のように文字面だけから受け取る表現と異なり、前にも述べたように、会議ではその人の言葉遣い、音声や表情、物腰等、全体からにじみ出てくる雰囲気といったものが大切な要素である。従って、必ずしも用法にこだわらなくても、心のこもった表現であれば、相手に好感を与えることもできる。

とはいえ、相手はやはり他人で、しかも親族や友人ではない。人生の先輩に対し、敬語表現ができることが基本的なマナーである。

敬語は人間関係を良好に保つための重要な言葉遣いである。適切な敬語表現の基本は、相手の立場や話し方、表現のくせ等を理解し、その場その場で相手と自分との基本的な関係を的確に把握することにある。初対面の場合や顔見知りになった場合、また、庶民的な人、知的な人、同世代の人、男性か女性か等、状況や相手により敬語表現を使い分けることが必要だろう。

敬語の使い方は「習うより慣れろ」と言われているように、何よりも使い方の上手な人の言い回しを真似て慣れることが必要である。

○丁寧語

語尾に「…ます」「…です」「…ございます」を付け、言葉そのものを丁寧にし、直接聞き手に敬意を表するだけなので、尊敬語や謙譲語のように、相手や話題の人を高めたりするというものではない。

（例）行く→行きます　できる→できます　知っている→知っています

○尊敬語

相手の動作や所有物を、つまり相手を敬って表現する言い方である。

（例）行く→おいでになる　できる→おできになる

知っている→ご存知　見る→ご覧になる

来る→いらっしゃる、おいでになる　食べる→めしあがる

○謙譲語

自分の動作や所有物を相手より低く表現することにより、結果として相手を高める表現である。

（例）行く→伺う　する→いたします　知っている→存じています

見る↓拝見する　　もらう↓いただく　　聞く↓うけたまわる

食べる↓いただく

大学に依頼があったボランティア活動

本学には、公的機関が行う諸活動や各施設で行われるイベント等でのボランティア派遣依頼がくることがある。本学に依頼があったボランティア活動は、一号館コンピュータ室前の掲示板に、目的・日時・希望人数・活動内容等を掲示する。活動を希望する学生は、掲示された用紙の記入欄に、学年・専攻・名前・性別を記入し登録する。定員になり次第締め切る。

地域貢献や国際貢献に係るボランティア活動

本学の地域連携センター（開設当初はボランティアセンター）も開設以来徐々に充実をしながら活動してきた。本学の学生のためのセンターであるとともに、地域に開かれたボランティア活動を行うために他の大学や社会福祉協議会のボランティアセンターと協働して、地域のボランティア活動の育成・普及活動も行うことが課せられている。当面は原則として県内を対象とはしているが、国際的に必要とされるボランティア活動についても、本学の地域連携センターとして活動の視野に入れている。

これまで行った社会貢献ボランティア活動としては、本学学生の保護者宅が直接被災した平成十六年の新潟県中越地震にも全学的（学生ボランティア委員会や教職員）に対応した。ただし、地域・国際貢献等ボランティア活動は、地域連携センターやボランティア委員会等で十分に論議し、教授会をはじめ関係諸機関との連携の上で行うものである。準備や諸手続き等に関してもボランティアセンターの指示に従うこと。なお、ボランティア活動Ⅰ・Ⅱにおける活動として認定するためには、活動前に活動計画を、活動後には活動報告が必要となる。

学園行事でのボランティア活動について

本学には、施設の大きなイベントや、施設連合による大きな行事または、行政当局が主催する全県的な行事が開催される際、ボランティア活動の依頼がある。本学として学年全員参加（あるいは専攻や学科ごとに全員参加）等のような行事は、事前にボランティア委員会や教授会で検討し、行事予定に入れ対応する。緊急に要請された場合も、同じような検討をした上で発表し、行うことがある。

このようなボランティア活動については事前に説明を行うが、その行事に相応しい服装（事前に指示があったとおりの服装）で参加するようにし、ある程度の事前学習を各自でしておくことが望ましい。

さいごに

活動先での活動は、相手があってこその活動である。そこで活動させていただくことが学習のよい機会となり、自分自身を成長させていただいているのであるということを十分に認識すること。その気持ちを持ち続けることができれば、失敗を含めあらゆる経験が自身の血となり肉となる。つまり、あなたの財産となるだろう。

そのためには、分からないことはそのままにせず、必ず職員に積極的に質問し、理解してから活動するようにするべきである。決してわかったふりや手抜きをしないで、真剣に活動に立ち向かうことが重要である。それがひいては利用者の生活の質（ＱＯＬ）を向上させることにもつながるのである。

大学においても、ボランティア活動でのできごとを友人と話したり、「ボランティア活動」の時間などを利用し、討議するなど積極的な取り組みを期待する。

（『ボランティア活動ハンドブック』第八版、二〇一六年三月、群馬医療福祉大学ボランティアセンターより抜粋の上、語句等必要最低限の訂正を加えた）

第四編　学園生活における品位あるマナー

一　基本的心得

〔明るく心のこもった挨拶《あいさつ》や、礼儀作法を心がけること〕

(1) 電話の際には用事は簡単に、加入者名簿を使用した時はていねいに扱うこと。

(2) 朝、廊下で先生や友だちに出会ったら、挨拶をいたしましょう。帰るときにも同様です。そのとき先生に対してはおじぎをするのがよろしいでしょう。友だちに対してはえしゃくでさしつかえありませんが、横を向いたりせず、相手の顔を見て挨拶もし、えしゃくもすることです。参観人など、学校の来訪者に廊下で行き合ったような場合はおじぎをいたしましょう。じろじろながめたり、こそこそささやいているのは失礼です。

（楊震曰）
天知、神知、我知、子知。何謂無知。
―天知る、神知る、我れ知る、子《し》知る。何ぞ知ることなしと謂《い》うや。
（『小学』外篇、善行）

上善若水。

—上善《じょうぜん》は水の若《ごと》し。
（『老子』）

礼義之始、在於正容体、斉顔色、順辞令。—礼《れい》義《ぎ》の始めは、容体《ようたい》を正《ただ》しくし、顔色《がんしょく》を斉《ととの》え、辞《じ》令《れい》を順《じゅん》にするにあり。
（『礼記』、冠義）

玉不琢不成器。—玉琢《たまみが》かざれば器《き》を成《な》さず。
（『礼記』、

(3) 礼節を旨《むね》とし、廊下（通路）座りはつつしむこと。

〔服装・身だしなみは、常に清楚《せいそ》であるように心がけること〕

(1) 服装

㋑本学で学ぶ者としてふさわしい、学生らしい服装をすること。施設実習等に備え日常生活の中で身だしなみを整えることを習慣づけるため、次の事柄を守ること。

◇髪の着色、脱色、髪型の極端な変形、つけ毛などは避ける。

◇アクセサリーをつけることは禁止する。

㋺儀式時には制服を着用して出席すること。

㋩校外実習等の際は、制服を着用すること。

㋥実習（施設実習）及び体育実技の際は、指定の体操服を着用すること。

㋭上ばき・体育館シューズは指定のものを用いること（かかとは踏まないこと）。

同じく「服装・化粧について」

㋑服装は、制服・本学の指定するものとし、学生らしい品位を保つようにつとめること。
㋺化粧については、華美にならないようにすること。

重ねて「服装について」
㋑服装は制服を必ず着用のこと。
㋺はきものは上履、下履の区別をし、活動しやすい便利なもの。革靴は禁止です。
㋩実習先では名札を必ずつける。

〔授業中は、教室の雰囲気《ふんいき》を乱すようなことは慎みたい〕

(1) 次のようなことは授業中のよいマナーではない。慎むこと。

「授業が始まろうというのに、教科書やノートを開いていない人、授業時間になっても休み時間の話を続けている人、なんのために頭を下げているのかと疑われるような礼をする人、起立しながら上体を前へ倒すだけの人、あるいは頭をちょっと下に振るだけで礼をしたつもりの人、横を向いたまま礼をする人、

学記）

昔人謂、攻吾之短者、是吾師。師又可悪乎。—昔人謂ふ、「吾が短を攻むる者は、是れ吾が師なりと。師又悪む可けんや。」（『伝習録』、中巻、答周道通書、第七段）

師者所以伝道授業解惑也。—師は道を伝へ業

授業に遅れて来ながら先生に挨拶もせずに自席に着く人など、さまざまである。先生から指名されても返事をしなかったり、離れた人には聞きとれないような低い声で答えたりすることは、先生に対してだけでなく、級友全体に対しても失礼である。私語をかわしたり、授業に関係のない本を読んだり、高い音をたてたりして教室の雰囲気を乱すようなことは慎みたい。授業が終わらないうちに教科書を閉じたり、あくびをしたり、時計をなんべんも見たり、あるいは、先生が教室から出てしまわれないうちに騒ぎだしたりするなどは失礼である。授業が早めに終わったときでも、廊下に出て大声で話をしたり、他の教室をのぞいたりすることは慎もう。授業中の教室の前を通るときは、できるだけ静かに行動するようにしよう」

(2) 授業中に携帯電話・スマートフォンを机の下にかくして使用したり、缶ジュースやペットボトルを机の上に置いたり、化粧をしたりしません。

(3) 提出物は、提出指定日を守って下さい。

を授け惑《まど》ひを解《と》く所以《ゆえん》なり。（『文章軌範』、韓文公《かんぶんこう》「師《し》説《せつ》」）

博愛之謂仁。行而宜之之謂義。—博く愛する之《こ》れを仁《じん》と謂《い》ふ。行なひて之れを宜《よろ》しくする之れを義《ぎ》と謂ふ。（『文章軌範』、韓文公「原道」）

尚志。—志《こころざし》を尚《たか》くす。

（『孟子』、尽心上）

緊立此志以求之、雖搬薪運水、亦是学所在。

—緊《きび》しく此《こ》の志《こころざし》を立てて以て之《こ》れを求《もと》むれば、薪《たきぎ》を搬《はこ》び水を運《はこ》ぶと雖《いえど》も、亦《また》是《こ》れ学の在《あ》る所なり。（『言志四録』、「言志録」）

吾人為学、当先自問其入学初心何

〔清掃・整理整頓〕

(1) 清掃は、授業の一環として毎日、放課後に全員で行います。

(2) 整理整頓に気を配り、とくに実習などの汚れや、後片付けはきちんとするようにします。

二　施設・用具

(1) 特別教室・体育館・学校図書館・講堂・運動場などのいろいろな施設・用具は共用物です。多人数で使うものは、自分のもの以上にたいせつにしよう。許可を要するものは、責任者である先生の許可を受けてから使う。もし、あやまって破損したときは、すぐに届け出て責任を明らかにするとともに、自分たちでできる修理はすぐに行い、手におえないときは適切な処置をする。使用規定をよく守り、後始末を丁寧にし、次の使用に支障のないようにすることが最もたいせつです。時間が遅いからといって、ぞんざいな処置をすれば、人に迷惑をかけることになる。そのようなことがないようにしましょう。

如也。―吾《ご》人《じん》・学《がく》を為《な》す、当《まさ》に先《ま》づみづから其の入学の初心・何如《いかん》を問ふべきなり。（『言志後録』、入学説、附）

倫理物理、同一理也。我学倫理之学。宜近取諸身。即是物理。―倫理と物理とは、同一・理なり。我が学は倫理

「関連」特別教室には、保健室、学生ホール（学食）、LL教室、コンピューター室、介護実習室（車椅子。介護用品一式などを含む）、入浴実習室、家政実習室、大講義室、研究室、礼法室、合同教室、音楽室などがある。

(2) 冷暖房機器は、事務局での集中管理ですので操作はしないで下さい

三　環境の美化　第一編で述べたごとく、「清らかで豊かな心情は美しい環境に育つ」、「私たちの学園では、清掃が行き届いているだろうか。校内が土足のためによごれていたり、紙屑《かみくず》が落ちていたりしてはいないだろうか。清掃が徹底し、だれもがよごさなければ、いつも快適にすごすことができる。清掃・美化には、当番や係りでないときでも関心をもってあたりたいものである。私たちは、教室や廊下の花が枯れたり、絵や掲示物がはがれたり、紙屑が落ちていたりするのを見過ごすことはないだろうか。古い校舎ほどたいせつにし、新しい校舎はいつまでも新しいままであるように気をつけよう」

四　実習先での心得　実習は、普段の大学・専門学校内での講義や学習とは違い、

の学なり。宜《よろ》しく近く諸《これ》を身《み》に取るべし。即ち是《こ》れ物理なり。（『言志晩録』）

人方少壮時、不知惜陰。雖知不至太惜。過四十已後、始知惜陰。既知之時、精力漸耗。故人為学、須要及時立志勉励。不則百悔亦竟無益。

―人少壮の

実際の医療・福祉機関の現場の中での学習となるため、期待と不安とが渦巻いていると思うが、気負うことなく学生生活の中での、貴重な学習体験となるよう、積極的な実習に心がけることにつとめて下さい。

また、「ボランティア活動の場所等は各自でさがすものとし、活動終了時には成果を集積し、まとめる」ようにして下さい。

五　登下校

(1) 学生証は、本学の学生であることを証明するもので、常に携帯し、紛失しないようにして下さい。学生証を紛失した場合、及び　○現住所の変更　○改姓等の身上異動のときは、届け出ること。

(2) 交通法規や交通道徳を守り、常に交通安全に心がけて下さい。

(3) スクールバスの利用は、係の指示に従い、迅速・安全なバスの運行に協力して下さい。

(4) 自転車の二人乗り・並列進行はしないで下さい。雨天時は雨合羽を着用し、

時に方《あた》り、惜陰を知らず。知ると雖も太《はなは》だ惜むに至らず。四十を過ぎて已後《いご》、始めて惜陰を知る。既に知るの時は、精力漸く耗す。故に人学を為すは、須《すべか》らく時に及びて立志勉励するを要すべし。不《しか》らざれば則ち百悔すとも、亦竟《またつい》に

傘さし運転などはしないで下さい。

(5) 自家用車で通学する者は、「車両通学許可願」を学生課に提出して許可を受けて下さい。また、所定の駐車場に車を停めて下さい。

六　欠席・遅刻・早退

(1) 欠席、遅刻、早退の届け出の徹底に努めて下さい。

七　学校生活

(1) つねに掲示板の連絡事項に注意を払って見て下さい。（大学・短大・専門学校ともに連絡は通常、掲示板でおこないます）

(2) ロッカーの使用・遺失物の取扱い等、保健室・学生ホールについては、掲示事項を守って利用して下さい。

(3) つねに本学の学生として品位のある行いをし、自分の名誉や学校の名誉を傷つけるようなことはしないようにして下さい。

(4) 禁煙　禁酒について

益なからん。(『言志録』)

少而学、則壮而有為。壮而学、則老而不衰。老而学、則死而不朽。

—少にして学べば、則ち壮にして為《な》すあり。壮にして学べば、則ち老いて衰へず。老いて学べば、則ち死して朽ちず。(『言志晩録』)

○校内での喫煙、飲酒は一切禁止する

○喫煙については、健康上、火災防止上、また将来・老人および心身障害者(児)のケアおよび相談等を担当する観点からのぞましくないので本校としては禁煙とする。

(2) 貴重品　盗難の予防に努め貴重品はつねに本人の責任において身につけて行動すること。

(3) 遺失物・拾得物　学校における遺失物・拾得物は、すみやかに事務局に届け出ること。拾得物については、事務局で六ヶ月間保管している。

(4) 学外からの伝言、呼び出しについて　緊急を要する以外の電話には、学園では授業中の呼び出しや生徒を電話口に出すことを行っていないので、このことを家族や友人、知人によく承知しておいてもらうこと。

(5) 健康管理　本校の学生は、将来、老人および心身障害者(児)のケアおよび相談等を担当する目標をもっているので、自分自身の健康管理にはつねに留意し、健康を増進する生活態度を身につけなければならない。また、平常の学習は、取得科目とその内容方法が多様であり、履修は決して容易なものではない。とくに施設実習では、老人や心身障害者（児）幼児等に接する機会があるので健康管理に充分配慮することが必要である。したがって健康には十分留意するとともに学校による指導には従わなければならない。他県出身者または親元を離れて生活する学生は必ず親元より健康保険証の遠隔地被保険者証をもらってくることが必要であろう。そのように努めて下さい。

一生のつとめはわかき時にあり—

「古語に、『一生のはかりごとは、つとめにあり。』といへり。つとめざれば、萬づの事行はれず、身を立つることかたし。

又、一生のつとめはわかき時にあり。人の身をたつるはかりごとは、三十歳の内に覚悟すれば、一生の家業成り立つ。その内、覚悟なく怠れば、一生立ちがたし。一年のはかりごとは春にあり。春の間、怠りぬれば、一年のこと成りがたし。一月のはかりごとは上旬にあり。朔日より十日までの内につとむれば、一月の事・成りやすし。十日の間に、すゑ二旬の日数をたのみておこたれば、其の事・成就しがたし。一日のはかりごとは朝にあり。朝に一日の間の事をよく考え定め、早くつとむればはかゆく。

若し朝の間おこたれば、一日のつとめはかゆかず。又、明日のはかりごとは、今夕にあるべし。明日のことを、明日はからんとて、今日さだめざれば、つまづきてはかゆかず。

古人は『人の朝早くおくると、おそくおくるとを以て、家の興廃を知る。』といへり。朝早くおくるは、家のさかゆるしるしなり。おそくおくるは、家のおとろふるもとゐなり。朝つとにおきて、事をつとむるを以て、身のならはしとし、家のつとめの則とし、見ならはしむべし。凡ての人を見るに、朝いしては学ぶことならず。家業おこたりて、富めるものまれなり。朝いするは、おこたりのはじめ、貧窮のもとゐなり。よく事をつとむるものは、一日を以て十日とす。つとめておこたりなくするどなれば、はかゆく故なり。おこたるものは、十日を以て一日とす。日数多くふるといへどはかゆかず。凡そ、善をつとめて、おこたらざるを良士とす。必ず家をおこす。家業をつとめて、おこたらざるを良民とす。必ずとむ。

知れば行ひやすく、行へば知りやすし。二の者たがひに相助けて、道明らかにして行はる。たとへば、道路をゆくが如し。道をしらざれば行きがたく、行かざれば行路をしりがたきが如し。」(『大和俗訓』、貝原篤信著、〈号、益軒〉、巻之七。岩波文庫本、一七一頁～一七二頁)

学校之中、惟以成徳為事、而才能之異、或有長於礼楽、長於政教、長於水土播植者、則就其成徳、而因使益精其能於学校之中。―学校の中、惟だ徳を成すを以て事と為し、而して才能の異なる、或は礼楽に長じ、政教に長じ、水土播植《すいどはしょく》に長ずる者有れば、則ち其の成徳《せいとく》に就きて、因りて益々其の能を学校の中に精《くわ》しからしむ。(『伝習録』中巻、答人論学書、第十二段)

古之教者、教以人倫、後世記誦詞章之習起、而先王之教亡。今教童子、惟当以孝弟忠信礼義廉恥為専務。―古の教ふる者は、教ふるに人倫を以てす。後世記誦詞章の習・起り、先王の教・亡ぶ。今、童子を教ふるには、惟《た》だ当《まさ》に孝弟忠信礼義廉恥を以て専務と為すべし。(『伝習録』中巻、「訓蒙大意」、

示教読劉伯頌等）

夫学貴得之心。—夫《そ》れ学は之《これ》を心に得ることを貴ぶ。（『伝習録』中巻、答羅整菴少宰書）

孟子曰、存乎人者、莫良於眸子。眸子不能掩其悪。胸中正、則眸子瞭焉。胸中不正、則眸子眊焉。聴其言也、観其眸子、人焉廋哉。—孟子曰く、人に存する者は、眸子《ぼうし》より良きは莫《な》し。眸子は其の悪《あく》を掩《おお》ふこと能《あた》はず。胸中《きょうちゅう》正しければ、則《すなわ》ち眸子瞭《あきら》かなり。胸中正しからざれば、則ち眸子眊《くら》し。其の言《げん》を聴きて、其の眸子を観《み》れば、人焉《ひといずく》んぞ廋《かく》さんや。（『孟子』、離婁、上）

孟子曰、人不可以無恥。無恥之恥、無恥矣。—孟子曰く、人は以て恥《は》づること無かる可《べ》からず。恥《は》づること無《な》きを之《こ》れ恥づれば、恥《はじ》無し。（『孟子』尽心、上）

孟子曰、有不虞之誉。有求全之毀。—孟子曰く、虞《おもんぱか》らざるの誉《ほま》れ有り。全《まった》きを求むるの毀《そしり》有り。（『孟子』離婁、上）

曰、不為者与不能者之形、何以異。曰、挟太山以超北海。語人曰、我不能。是誠不能也。為長者折枝。語人曰、我不能。是不為也、非不能也。—曰く、為《な》さざる者《もの》と、能《あた》はざる者との形《かたち》は、何《なに》を以て異《こと》なるかと。曰く、太山《たいざん》を挟《わきばさ》みて以て北海《ほくかい》を超《こ》えんとす。人に語りて曰く、我れ能《あた》はずと。是《こ》れ誠に能はざるなり。長者《ちょうじゃ》の為に枝を折らんとす。人に語りて曰く、我れ能はずと。是れ為さざるなり、能はざるに非《あら》ざるなり。（『孟子』、梁恵王、上）

宰予昼寝。子曰、朽木不可雕也。糞土之牆、不可杇也。於予与何誅。子曰、始吾於人也、聴其言而信其行。今吾於人也、聴其言而観其行。於予与改是。—宰予・昼寝《い》ねたり。子曰く、朽《きゅう》木は雕《ゑ》る可《べ》からざるなり。糞土《ふんど》の牆《しょう》は、杇《ぬ》る可からざるなり。予に於《おい》て与《か》・何ぞ誅《せ》めんと。子曰く、始め吾・人に於てや、其の言を聴きて其の行《おこない》を信ず。今《いま》・吾《われ》・人に於てや、其の言を聴きて其の行を観《み》る。予に於て

与《か》・是《こ》れを改むと。(『論語』公冶長)

先生曰、灑掃応対、就是一件物。童子良知只到此。便教去灑掃応対、就是致他這一点良知了。―先生曰く、灑掃応対は就《すなわ》ち是れ一件の物なり。童子の良知は只《た》だ此《こゝ》に致る。便《すなわ》ち灑掃応対し去《ゆ》くを教ふるは、就ち是れ他《かれ》の這《こ》の一点の良知を致さしむるなり。(『伝習録』下巻、第一一九条)

居移気、養移体。―居《きょ》は気を移し、養《よう》は体《たい》を移す。(『孟子』尽心・上)

人皆知洒掃一室、而不知洒掃一心。遷善不遺毫髪、改過不留微塵。吾欲洒掃如是、而未能。―人皆《みな》一室を洒掃《さいそう》するを知れども、而《しか》も一心《しん》を洒掃するを知らず。善《ぜん》に遷《うつ》るには、毫《ごう》髪をも遺《のこ》さず。過《あやまち》を改むるには微塵《みじん》をも留《とど》めず。吾れ洒掃すること是《かく》の如《ごと》きを欲すれども、而《しか》も未《いま》だ能《よ》くせず。(『言志晩録』)

清掃の意義―「永平寺では古くから「一、掃除。二、看経(かんきん)」といわれて掃除は読経以上に大切な勤行(ごんぎょう)にみたてられて禅修行の生命とされた。掃除に徹する心の持ち方がこの上ない修行の機会となる。

お釈加さまは落ちこぼれそうな、ある愚弟子に一本の箒を与え、この箒で精舎の庭を清めよと教えた。すると、弟子は、来る日も来る日も掃除に餘念がなかった。ついに掃除とはその勤行を通して、心の塵、心の垢、心の迷いを除くことであるという大いなる悟りを開くことができた。

生徒の心構えをしっかりと、すえさせることが第一である。生徒に清掃一つさせてもみずからその勤行を通して感謝の気持で、ことに徹し切ることを体験させることが事上練磨である。」(『新練成行特集』、(尽誠学園〈所在地、香川県善通寺市〉)学園長・大久保紫朗先生の編著・及び言葉、八二頁〈要旨〉)

便所の清掃は感謝の姿―禅宗の僧の修行の一つの托鉢のとき、感謝のしるしに、便所(在家)の清掃をされるとの話を聞いたことがある。又、「禅院（禅宗の寺）では、感謝の姿として便所（東司《とうす》〈おといれのこと〉）の清掃のことが、口伝《くでん》として、意志として為される。」（後半の話は、平成十二年四月十七日に、古渓理哉《りさい》和尚の話として、令妹の黛麻衣子様より聞いたことの要旨。〈文責、中田勝〉）

「**書生徒写真図背**」。**皆風采秀茂、有前途之望。余、甚楽。因告之曰、人之欲不相忘者、不在面貌、而在学行。他日、若余与諸子、学廃行壊、則雖有此図、或塗抹其面貌、欲早相忘、亦不可知。請、与諸子、戒旃。**―皆な風采秀茂にして、前途の望みあり。余、甚だ楽しむ。因りてこれに告げて曰く、人の相ひ忘れざらんと欲するものは、面貌に在らずして、学行に在り。他日、若《も》し余と諸子と、学廃《すた》れ行壊《こわ》るれば、則《すなは》ちこの図ありと雖も、或いは其の面貌を塗抹し、早《はや》・相ひ忘れんと欲するも、亦《また》知る可《べ》からず。請ふ、諸子と旃《これ》を戒めん。（『シリーズ陽明学34・三島中洲』中田勝著。明徳出版社発行、一三七頁）

「**体認**」。**諸君聴吾言、実去用功、見吾講一番。自覚長進一番。否則只作一場話説。雖聴之亦何用**―諸君吾が言を聴きて、実に功を用ひ去《ゆ》かば、吾が講一番を見て、自《おのづか》ら長進一番するを覚《おぼ》えん。否《しか》ずんば則ち只《た》だ一場の話説《わせつ》と作《な》すのみ。之《こ》れを聴くと雖も、亦《また》何の用かあらん。（『伝習録』下巻、第一二七条）

務致其良知求自慊而已矣。―其の良知《りょうち》を致して自《みづか》ら慊《こころよ》からんことを求むるを務《つと》むるのみ。（『伝習録』中巻、答聶文蔚《じょうぶんい》・第一書）

（附編）

◇『王學名義』

三重松菴

王學名義を刊《けず》る序

「經に曰く、天子よりもつて庶人に至るまで、壹《いっ》にこれみな身を修むるをもつて本とすと。故に君子もつて身を修めずんばあるべからず。身を修めんと思はば、もつて問学せずんばあるべからず。問學せんと思はば、もつてその名義を明らかにせずんばあるべからず。その名義を明らかにせんと思はば、もつて明師に就き良友に資《はか》つてこれを求めずんばあるべからず。それ仁義禮智は實に六經《りくけい》の綱要にして、孝弟忠信はこれ五典の功夫。最ももつてここに明らかにせずんばあるべからざるなり。濂《れん》・洛《らく》・關《かん》・閩《びん》の學《がく》、その説・纖密、その書・繁多、然りといへどもその理におけるや、あるひは合しあるひは離る。茫々乎として津涯を見難し。

ここをもって學者ここに惑ひなきこと能はず。三重松菴先生、かつて九經《きゅうけい》を研究し、諸賢を折衷し、以謂《おも》へらく子王子《しおうし》。良知を致し、及び知行合一の旨、世教に切近にして、實に孔孟の正宗なり。然るに本邦近世間《このごろ》陽明學と稱するものあれども、その説解・王子に違ふ者少なからず。先生これを慨し、かつて『王學名義』二巻を著す。意もつて初學を發藥せんと欲するなり。予、その書たるを顧《かえり》みるに、演《の》ぶるに方語をもつてし、録するに國字をもつてす。その名義に於けるや、昭々乎として日月を掲げて太虚《たいきょ》を照らすがごとし。また懿《い》ならずや。ああ眞の明師と謂ふべし。わが黨の士、いづくんぞ就學して受讀せざることを得ん。書いまだ印流を遂げず、學者謄寫を苦しむ。よつて先生の手書を請ひ、梓に鋟《きざ》みてもつて同志を惠むといふ。

　寶永庚寅六月朔日、江州八幡の後學、豊滿教元・才の允謹しみて序す。」（原漢文。中田勝・訳〈漢字の読み仮名は同じく中田勝が補完した〉。）

王學名義目録

『王學名義』巻之上

松菴　三重《みえ》貞亮《さだあきら》　著

致ス二良知ヲ一

この三字は學問の肝要にて、聖人の人を教へたまふ第一義なり。良は本然の善なりとて、根本より善なるをいふ。知は明覺の自然をいふ。花を見て花と知り、月を見て月と知り、善は善、惡は惡と、それぞれに知りわきまふる心の神明《たましい》《しんめい》にして、人たるもの同じく天より稟《うまれ》賦《つき》て、根本より善なる智慧《ちえ》を、吾心《わがこころ》《ごしん》の良知といふなり。されば天道の春夏秋冬と運《めぐ》り行くこと、古今《いにしえいま》のかはりなく、柳は緑《みどり》、花は紅《くれない》。甘草《かんぞう》はあまく黄蓮《おうれん》はにがく、牛は耕作をしり、犬は夜をまもるごとく、吾心良知も萬古《いにしえいま》一日《じつ》のごとく、更《さら》にかはることなし。目の黒白《くろしろ》をわかち、耳の聲音《こえおと》をきき、鼻の香臭《においくさき》をしり、口の甘く苦《にがさ》をわきまへ、身《み》の寒《さむ》さ暖《あつさ》をおぼゆること。昔の人も今の人もかはることなく。善《ぜん》を善と知り、惡《あく》を惡と知り、孝弟仁義《こうていじんぎ》を知る。

吾心の良知も、堯舜《ぎょうしゅん》の代《よ》の人も、末世末代《まつせまつだい》の人もかはりなく、同一體《どういったい》の神明《たましい》なり。然《しか》れば、二三歳《さい》ばかりの童《わらんべ》、たれがをしへもせず。何《なに》の思案《しあん》もなけれども、をのづから父母《ちちはは》を愛《あい》することを知り。漸《ようよう》生長すれば、兄を敬《うやま》ふことを知る。貴《たか》き賤《いや》しき賢《かしこ》き愚《おろ》かなるへだてなく、京《きょう》と夷中《いなか》のかはりなく、人々《にんにん》契約《けいやく》せざれども、をのづから同じき吾心の良知なり。この吾心良知を失《うし》なはざる人を、聖人賢人《せいじんけんじん》といふ。然るに迷倒凡夫《まよいのぼんぷ》は、目に美しき色を視《み》て愛著《あいちゃく》し、耳に好《よ》き聲を聴《き》きて心を動かし、鼻に香《か》を嗜《たし》み、口に味《あじわい》を貪《むさぼ》りて、朝夕《あさゆう》種々の欲心妄念《よくしんもうねん》をおこし、吾心の良知を自《われ》と昧《くら》まし、不孝不弟《ふこうふてい》の業《しわざ》をなし、禽獣《とりけだもの》とあひ去ること遠からぬにいたる。誠に悲しむべく愍《あわ》れむべし。されども吾心の良知息《や》み滅ぶることなければ、時々にをこりあらはる。その証據《しょうこ》は、孺子《いとけなきこ》《じゅし》の何《なに》のわきまへもなく、井の中《うち》に陥《お》つるを見ば、いかなる惡人《あくにん》も怵惕惻隠《おどろきいたむ》《じゅってきそくいん》の心、をのづからおこるは吾心良知のある故《ゆえ》なり。その發《おこ》るについて、をしひろめをこなふを「致《いた》ス二良知ヲ一」といふなり。「致《いたす》」とは、推極《すいきょく》なりと釋《と》く。いたすとも、きはむるとも訓《よ》む。たとへば十《とお》の物を一つより二・三・四と逐《お》うて十《とお》に至るごとく、吾心《ごしん》一念の良知、君を見て忠節《ちゅうせつ》の心おこり、父兄《ちちあに》を見て孝弟の心をこる《（ママ）》。その一念を認《と》め取《と》りて、至《し》極《ごく》まできはめをこなふをいふなり。ただ君父《きみちち》に忠孝《ちゅうこう》すべしと知《し》る心のおこるは、吾心の良知といふまでなり。「致ス二良知ヲ一」とはいふべからず。さて四書五經《ししょごきょう》に説《と》きたまふところは、みな吾心の良知をいたす註文《ちゅうもん》なり。さればこの「致ス二良知ヲ一」の三字を標的《めあて》として、四書五經を讀《よ》めば、みな我が身のをこなひとなりて、今日《こんにち》の用となるべし。もしさなくば四書五經とわが身と別《べち》になりてその益《えき》なし。さてこそこの三字は學問《がくもん》の肝要《かんよう》にて、聖人の人《ひと》を教《おし》へたまふ第一義《ぎ》といふ。殊《こと》に陽明學の宗旨《しゅうし》(ママ)なり。

父子《ふし》有《あ》リレ親《しん》

父子《ふし》はおやこと訓《よ》む。父《ちち》はてておやの事なり。父をいへば、母《はは》はその中に在《あ》り。親《しん》はしたしむと訓《よ》む。ねんごろにむつまじきをいふ。父《ちち》は慈《じ》に、子《こ》は孝《こう》に、たがひに吾心の良知を致《いた》して、よく愛敬《あいけい》するを「父子《ふし》有《あ》リレ親《しん》」といふ。上帝王《かみていおう》の貴《たつと》(ママ)きより下土民《しもどみん》の賤《いや》しきまで、同じき理《ことわり》と知《し》るべし。それ子《こ》の孝行《こうこう》は、人間第一の行《こう》、萬善《まんぜん》の源《みなもと》、吾心良知最初《さいしょ》一念の本然《ぜん》なり。然れば吾心良知孝行の徳を致《いた》すにはまづ父母の恩《おん》を知るべし。胎孕《たいよう》十月《とつき》の間《あいだ》、母《はは》は懐妊《かいにん》の苦《くる》しみを受け、父《ちち》は母子《おやこ》の安穩《あんおん》を願《ねが》ふ。臨産時節《こうむじせつ》には、母は身《み》を切《き》り割《さ》くほどの悩《なみ》みを受《う》け、父は限《かぎ》りなく憂《うれ》へを懷《いだ》く。母子《おやこ》安穩《あんおん》なれば、一命再《いちめいふたた》び續《つ》ぐよろこびをなす。その子を育《そだ》つるとき、母は濡《ぬ》れたる所に臥《ふ》して、子《こ》を乾《かわ》ける惕《しとね》に置《お》き、子《こ》よく睡《ね》ぶれば、母の身《み》、屈伸《のびかがみ》をせず。衣裳粧飾《いしょうよそおい》など取《と》り亂《みだ》し、子《こ》の安穩《あんおん》を念《おも》ふより外なし。乳哺《ちちのましくくむる》《にゅうほ》三年の間《あいだ》、父母の辛苦《しんく》、言《ことば》につくすべからず。寖《ようよう》成人すれば、師匠《ししょう》を求め學問《がくもん》をなさしめ、智慧《ちえ》才學《さいがく》（ママ）の人に秀《すぐ》逸《れん》ことを願ひ。妻《つま》を娶《めと》るべき年《とし》になれば。伉儷《よきむすめ》を求め、家業を設《た》て、冨み榮えんことをはかる。その子人《こ》に勝《すぐ》れ繁昌《はんじょう》すれば限《かぎ》りなく歡《よろこ》び、倘《も》し人に劣《おと》り衰微《すいび》すれば、起臥《おきふし》たえず憂《うれ》へとす。父母《ちちはは》かく慈悲《じひ》をたれ、苦勞《くろう》をつんで、養育《そだて》たる子の身《み》なれば一毛《ひとつのけ》に至るまでみな父母の恩德《おんどく》なり。されば父母の恩《おん》は天よりも高く海《うみ》よりも深《ふか》し。あまり廣大《こうだい》なる恩なれば、迷《まよ》ひの凡夫《ぼんぷ》は報《ほう》ずることを忘るるなり。いかに愚癡《ぐち》なりとも、一飯《いっぱん》の恩を報ぜんと思《おも》はぬ人はなし。これ吾心の良知ある故なり。吾心の良知ありて、父母の恩を忘るるは、欲《よく》心に蔽《おお》はるればなり。もし父母の恩と一飯《いっぱん》の恩とをならぶるならば、言《ことば》に及《およ》ばれぬ重恩《じゅうおん》なることを知《し》り、父母の恩を報ぜんと思ふ吾心の良知おこる。その發《おこ》るを認《と》め取《と》りて孝行《こうこう》の始めとして推《お》し廣《ひろ》め行《おこ》なふべし。然《しか》るに世間の人、多くはただ富貴を無上《うえなき》ものと思ひ、第一の願ひとする故《ゆえ》、その便となる人を限《かぎ》りなく愛敬《あいけい》し、惡言《あくごん》の辱《はずかし》めをも堪忍《かんにん》し、父母は無《ないがしろ》にあしらひ、一言《ごん》の惡口《あっこう》を受けてもはなはだしく瞋《いか》り、あるいは父母を疎略《そりゃく》にして妻妾《つまめかけ》を寵愛《ちょうあい》し、または親を棄《す》てて子を養ふ。倘《も》し親の慈悲《じひ》あさく無道の事あれば、怨《うら》みをふくみ儲敵《あたかたき》の思《おも》ひをなして不孝《ふこう》をなすなり。それ富貴を求《もと》むる便《たよ》りとなる人を愛敬するは、吾身を飾《かざ》る恩《おん》あればなり。妻妾《つまめかけ》を寵愛するは、吾身の欲《よく》を遂《と》げる樂《たの》しみあればなり。子《こ》を愛するは、吾身を分けたればなり。この身なければ、富貴を飾《かざ》る素質《したじ》なく、妻妾を娯《たの》しむべきものなく、子に分かち與ふべき身なし。富貴も妻妾も子《こ》も倶《とも》にこの身ありての歡樂《たのしみ》なり。さればこの身《み》を父母の産《う》み育《そだ》てたればこそ、富貴妻妾の歡樂を受《う》け、子《こ》を養育《よういく》して老《お》いて後《のち》の便《たよ》りともすれば、みな根本《こんぽん》は父母の恩徳《おんどく》なり。誠《まこと》に父母の恩は、廣大無類《こうだいむるい》にて恩徳の大根本なれば、まづ父母を愛敬《あいけい》するを本《もと》として、兄弟《きょうだい》一族より一切の他人及び禽獸《とりけだもの》草木の類《たぐい》まで、それぞれに愛敬を行《おこ》なふを孝《こう》となづけ順徳《じゅんとく》といふ。根本の大恩《だいおん》を忘《わす》れて、父母を愛敬せず。枝葉《えだは》の小さき恩を報《ほう》ぜんとて、他人《たにん》を愛敬するを不孝といひ悖徳《はいとく》といふなり。而《さて》親の慈悲あさく無道《ぶどう》の事あるによつて不孝《ふこう》なるを、迷《まよ》ひの凡夫《ぼんぷ》は宜《げに》もと思ふは迷ひの中の惑《まよ》ひなり。その所以《ゆえ》は禮義《れいぎ》正《ただ》しく情深《なさけふか》くば、半面不識《ひとめもしらぬ》途人《みちゆきびと》なりとも、睦《むつ》まじく思ふべし。然《しか》らば親の慈悲ふかく道《みち》あるに孝《こう》あるは、行《おこ》なひ易《やす》きことなれば、さして孝行といひ難《がた》し。親の慈悲あさく無道なるに孝なるこそ、誠《まこと》の孝行とはいふべけれ。大舜《たいしゅん》の親御《おやご》は、瞽瞍《こそう》といひて、事の外なる悪人にて、大舜を悪《にく》み殺《ころ》さんとせられしかども、大舜孝行を盡したまひしかば、後《のち》には善人と成りたまふ。されば大舜の孝行を法とすべし。限《かぎ》りなき恩《おん》ふかき親と、毛頭《もうとう》恩なき途人《みちゆきびと》と同《おな》じ思《おも》ひをなすは、あさましきことなり。それ孝行の條目《しなじな》數多《あまた》あれども畢竟《ひつきょう》は二《に》箇條《かじょう》に約《つづ》まる、第一は父母《ちちはは》の心を安樂《あんらく》にするなり。第二は父母の身《み》を敬《うやま》ひ養《やしな》ふなり。父母の心を安樂にするは、まづわが心《こころ》術《だて》躬行《みもち》を正《ただ》しくして、品々《それぞれ》の家業を勤《つと》め、財寶《ざいほう》を妄《みだ》りに費《ついや》さず。節用《よきほどにもちゆる》ときは、父母の心、子の貧《まず》しくなり患難禍災《うれえわざわい》にあふべき恐《きずかい》なし。妻子臣妾《めこつかいもの》をよく教化《おしえ》て、みな聲《こえ》を和《やわら》かにし氣を下《くだ》して、父母を愛敬《あいけい》し、苟且《かりそめ》の命《いいつけ》にも違《たが》ひ怠《おこた》ることなく、兄弟一族《いちぞく》和睦《むつまじき》やうにすれば、自然《おのずから》安樂になるなり。また吾身の苦勞《くろう》を顧《かえり》みず、心を運《くば》り、力《ちから》を竭《つく》し、食物《くいもの》の滋味《うまき》を具《そな》へ、衣服《きもの》の輕《かろ》く煖《あたた》かなるを奉《ささ》げ、いかにも愉《よろこ》ぶ色を致《いた》し、もし疾病《やまい》あれば良き醫《くすし》を求《もと》めて療治《りょうじ》をなさしめ、看病《かんびょう》の力《ちから》を竭《つく》す。これ孝養《よくやしなう》の大概《たいがい》なり。倘《も》しも父母不義あらば、何《なに》となく父母の合《が》點《てん》したまふやうに諷諫《いけん》し、もし合點なくば、明《あき》らかに是非善惡を演說《いいのべ》て諫爭《いけん》すべし。父母懌《よろこ》ばずして怒《いか》りをなさば、別《べつ》して愉《よろこ》びの色《いろ》をなし、孝《こう》を起こし敬《うやま》ふべし。かく幾度《いくたび》も諫爭《いけん》し、あるいは親《おや》の心友《むつまじきとも》を賴《たの》みて曉諭《いけん》せしむべし。親の心術躬行《だてみもち》の道に合《かな》ふやうにするを孝行《こうこう》の第一とす。而《さて》父母の天命《いのち》限《かぎ》りありて、永《なが》き別離《わかれ》の憂《うれ》ひに丁《あた》るときは、悲哀《かなしみ》の誠《まこと》を盡《つく》し、禮法《れいほう》を以て葬《そう》をなし、喪《も》に居《い》て哀戚《かなしみ》の情《こころ》を盡すべし。（喪《も》は本朝にいふ服《ぶく》を著《き》ることなり）さて喪闋《もおわ》らば祠堂《しどう》を建《た》て、父母の神主《しんしゅ》を置き、（祠堂は俗《ぞく》にいふ魂屋《おたまや》の事。神主は位牌《いはい》の類《たぐい》なり）朔望俗節《さくぼうぞくせつ》（朔《さく》はついたち。望《ぼう》は十五日。俗節《ぞくせつ》は節供《せっく》をいふ）忌日《きにち》の祭奠《まつり》に敬《うやま》ひの誠《まこと》を盡《つく》して、その存生《ぞんじょう》の時のごとくすべし。かくのごとく吾心良知の孝行を致《いた》すは、子《こ》の親《おや》に事《つか（ママ）》ふまつる道の大槩《たいがい》なり。然るに不幸《ふしあわせ》にて母親《ははおや》、父《ちち》よりさきに死《し》し。あるいは父の心に背《そむ》きて母を出《い》だし、繼母《ままはは》をむかへなば、繼母を實《まこと》の吾身を産《う》みたる母と思ひて孝行すべきこと勿論《もちろん》なり。繼母もまた繼子《ままこ》をわが産《う》みたる子《こ》のごとく慈愛《いとおしみ》あるべき道理なり。而《され》ども迷《まよ》ひの凡夫《ぼんぷ》は、なさぬ中《なか》なりといひて、他人の思ひをなし、互《たが》ひに愛敬《あいけい》せず。ひたすら惡《さが》をいひたて交《まじ》はり惡《あ》しくなり、遂《つい》には儲敵《あだかたき》のごとくになりゆく誠《まこと》にあさまし。さて親《おや》の子を慈愛《じあい》するはまづ學問《がくもん》の師《し》を選《えら》びて、仁義の道を學習《ならわ》し、賢人、智者となすを本《もと》とす。當座《とうざ》の苦勞《くろう》をあはれみ、子の願ひの隨《まま》に育《そだ》つるを姑息《こそく》の愛といふ。その子隨意《きまま》になりて人《ひと》の道《みち》を辨《わきま》へず、禽獸《とりけだもの》に近《ちか》くならば、慈愛《いとおしむ》に似《に》て憎《にく》むといふものなり。且《そのうえ》吾身は親にうけたれば、すなはち親の身なり。吾身を分けて子《こ》の身となしたれば、子の身も原《もと》は親の身なり。されば子を惡《むさ》と育《そだ》つるは、親の身を惡《あ》しくするに同《おな》じ。故《かるがゆえ》に子を教《おし》へざるを不孝の第一とす。それ家を興《おこ》すも廢《やぶ》るもみな子孫《しそん》なり。子孫を教《おし》へずして、その繁昌《はんじょう》を求むるは、網《あみ》なくして魚《うお》を捕《と》り、弓《ゆみ》なくして鳥を射《い》んと欲《おも》ふがごとし。人の氣質《うまれつき》品々《さまざま》ありて、教《おし》への法一槩《いちがい》に論じ難《がた》けれども、まづ學問をして吾心の良知を明《あき》らかにするを本《もと》とす。縱《たと》へば藝能《げいのう》の名譽《めいよ》富貴の榮華《えいが》ありとも、吾心の良知暗昧《くらく》して、心術《こころだて》躬行《みもち》あしくば、天道に棄《す》てられ人間に憎《にく》まれ、一・二代の中には滅《ほろ》ぶべし。縱《たと》ひ滅びずとも、ありがひなき人品《がら》にて却《かえ》りて先祖《せんぞ》の辱《はじ》なるべし。迷《まよ》ひの凡夫《ぼんぷ》は、ただ眼《め》の前一旦《まえいったん》の富貴名譽《めいよ》を至極と思《おも》ひて、吾心良知の無上靈寶《うえなきたから》を知《し》らず。當座《とうざ》の僥倖《しあわせ》より外はいらぬものと思ふは無下にあさまし。而《さて》子孫を教《おし》ふるは幼時《いとけなき》を本《もと》とす。古《いにしえ》は胎教《たいきょう》とて懐孕中《はらむうち》より教《おし》へあり。それは母親の行儀《ぎょうぎ》、起居動靜《たちふるまい》、飲食《のみ》ひまで正しく、目《め》に邪《よこしま》なる色《いろ》を視《み》ず、耳に淫《あしき》聲《こえ》を聽《き》かず、朝夕ただ聖人の道《みち》を見聞《き》くなり。かかる時は生まる子《こ》形容《みめかたち》端正《ただしく》して、智慧《ちえ》才學《(ママ)さいがく》人に過《す》ぐれるなり。然るに今時《どき》の人は、口にて演説《いいのぶる》ばかりを教《おし》へと思ひ、教への實《まこと》を知《し》らぬ故《ゆえ》、幼時は教へなきものと思へり。教への實は、吾身に吾心の良知を致《いた》して、人の自然變《おのずからへん》化《か》するをいふなり。國々の水のかはりにより、人の氣質《うまれつき》、少しつづ《(ママ)》異《かわ》りあれども、語《ことば》つきに元來《がんらい》、京田舎の差別《さべつ》なきゆゑ、赤子《あかご》より京に育《そだ》つれば、關東《かんとう》の産《う》まれも京　語《きょうことば》になり、また關東に育つれば、京の産まれも關東語になるごとく、幼者《いとけなきもの》の心術躬行《こころだてみもち》も、父母乳母《めのと》にみづから見習《なら》ひ聞き移《うつ》るものなれば、父母乳母の徳行《よきおこない》を子孫に教《おし》ふる本とす。されば父母の心を正しうし身《み》を脩《おさ》め、乳母の人品《ひとがら》を選《えら》ぶべし。子八・九歳にもならば、天性利根《うまれつきりこん》なるには『大學』『中庸』の首章《しゅしょう》、及び陽明子《ようめいし》の『大學問』を讀《よ》ませ、時々はその道理を説き聞かせて、道《みち》を《(ママ)》悟《さと》る基《もとい》とし、急用なる藝能《げいのう》を習《なら》はすべし。また稟賦愚鈍《うまれつきぐどん》なるは、『大學』の道理をいつとなく話聞《(ママ)かたりき》かせて、吾心の良知を失なはぬやうにすべし。十五・六歳にならば、師匠《ししょう》と朋友《ともだち》を擇《えら》ぶを教への眼目《まなこ》とす。さて家業《かぎょう》は、その器量《きりょう》に随《したが》ひて、士農工商、何にてもさだめえらぶべし。かくのごとくするは親の子を慈愛する大方なり。さて親の慈《じ》も子の孝《こう》も、みな吾心良知の自然《しぜん》の愛敬《あいけい》を致《いた》すを「父子《ふし》有リレ親」といふなり。もしそれ曾祖父母《ひおおじひばば》、祖父母《じいばば》、伯叔父母《てでかたのおじおば》、伯叔姑《てでかたのおば》、及び外祖父母《ははかたのじいばば》、伯叔舅《ははかたのおじ》、姨母《ははかたのおば》の類《たぐい》。倶《とも》に父母の列《なみ》なり。みな愛敬の誠《まこと》を致すべし。孫《まご》、曾孫《ひまご》、姪《おい》、姪女《めい》、外孫《むすめまご》、従姪《いとこのこ》の類、倶に子の列なり。みな慈愛《じあい》の親《した》しみをなすべし。

君臣《くんしん》有《あ》リレ義《ぎ》

君《くん》はキミと訓《よ》み、主人の事なり。臣《しん》はツカヘビトと訓む。奉公人《ほうこうにん》をいふ。上帝王将軍《かみていおうしょうぐん》より、諸侯《だいみょう》、大夫《かろう》、諸士《しょさぶらい》、農夫《ものつくり》、百工《しょくにん》、商賣《あきんど》に至りて、その位の尊卑《たかびく》品々なれども一切《おしなべ》て主人《しゅじん》と頼《たの》む方《かた》は君《きみ》といひ、仕宦《みやづかえ》(ママ)するものは、みな臣といふなり。義はあひ互ひに義理合《ぎりあい》を立つるをいふ。君《きみ》は仁禮《じんれい》を以て臣《しん》に交《まじ》はり。臣下《しんか》は忠節《ちゅうせつ》を以て主君《しゅくん》に事《つか》ふまつる。吾心の良知を致《いた》すを「君臣《くんしん》有《あ》リレ義《ぎ》」といふなり。それ君の臣に交はる仁禮といふは、仁は義理に従《したが》ひて愛《あい》するをいひ禮はその階級《くらいくらい》の道理に従ひて慢《あなど》らざるをいふなり。臣下の官位高下《たかびく》ありて、品々《それぞれ》に使《つか》ふ道理窮《きわま》りなしといへども、畢竟《ひっきょう》は仁禮の二《ふた》つの外なし。産《う》まれ所《どころ》の貴賤《たかびく》によりて、君となり、臣となれども、元來はみな天地の子なれば、われも人もみな兄弟と同《おな》じ理《ことわり》なり。さればわが扶持《ふち》せぬものにても惡《にく》み慢《あなど》るべきにあらず。況平《ましてや》わが扶持するものは、情深《なさけふか》く大切に思ひ、少しも慢《あなど》るべからざる道理なり。大臣とて、國の家老《かろう》たるものは、国の鎮《おもせ》なれば、高《たか》き位《くらい》大祿《たかちぎよう》をあたへ、大槩《おおかた》の事は委任《うちまか》せ、禮義正しく愛敬《あいけい》すべし。ただし罪人《ざいにん》の刑戮《おきめ》、善人の褒《ほう》美《び》、及び國の威勢《いせい》、民《たみ》を愍《あわ》れむ恩恵《めぐみ》をば、假《か》りにもあづくべからず。大夫《かろう》以下《よりしも》の諸士《しょさぶらい》その器《き》量《りょう》を見分けてさしつかひ、分際相應《ぶんざいそうおう》に愛敬し、忠節《ちゅうせつ》の大小に随《まか》せて恩賞《おんしょう》を與《あた》ふべし。農工《ものつくりしょくにん》商賣《あきんど》は、國の寶《たから》なれば、憐愍《れんみん》を垂《た》れ、その利を得《え》て、その樂《たの》しみを得《う》るやうに政《しおき》をなす。これ君《きみ》の行《おこ》なふ仁禮の大槩《がい》なり。さて臣の君に事《つか(ママ)》ふまつる忠は、少しも二心《ふた》なく専一《ひとすじ》に君のためのみ思ひて、わが私《わたくし》を顧《かえり》みず、分際《それぞれ》の職分《やくめ》を勤《つと》め、一命をも棄《す》てて奉公《ほうこう》するをいふなり。その階級《くらいくらい》によりて、奉公の品は大小あれども、忠を行《おこ》なふ心志《こころいれ》は同じ理《ことわり》なり。君の恩は親の恩に齊《ひと》しき重恩《じゅうおん》なれば、親に事《つか(ママ)》ふまつるごとく心を盡《つく》して事ふべし。親なければこの身を産《う》み育《そだ》てず。君なければこの身の養《やしな》ひなき故なり。それ臣下の階級の由りて大忠小忠あり。家老出頭人の忠は、たとひ君の嗜《す》き好《この》むことにても、惡《あ》しき事《こと》ならば必ず止《や》め、また嫌《きら》ふことにても、善《よ》き事ならば必ず勧《すす》め、君の心術《こころいれ》躬行《みもち》の道に合《かな》ひ、政道《せいどう》正しく國家繁昌《はんじょう》するやうにと、心を盡《つく》すを大忠といふ。諸士《しょさぶらい》の忠は専一《ひとすじ》に君を敬《うやま》ひ、是非善悪を擇《えら》ばず、ただ命《おおせ》にしたがひ身命《しんみょう》を顧《かえり》みず。その職分《やくめ》を勤《つと》むるを小忠といふなり。さて郡守縣令《こおりぶぎょうだいかん》の職分は、民《たみ》百姓の支配《しはい》を掌《つかさど》るなれば、年貢《ねんぐ》夫役《ぶやく》などの事、君のためにも民のためにも善《よ》きやうに料揀《りょうけん》し、吾《わが》身《み》の私欲《しよく》を少しも搆《かま》ふべからず。毛見《けみ》催促《さいそく》の類《たぐい》、百姓の煩《わずら》ひにならぬやうにすべし。凡庸《よのつね》の懸令《だいかん》は、ただ税斂《ねんぐ》を重《おも》く聚《とりあ》げて民の困窮《こんきゅう》に及ぶを顧みず、君の府庫《くら》に満《み》つるを君のためと思《おも》へり。聚斂《しゅうれん》といひて、大きに悪《あ》しき事《こと》なり。もしそれ聚斂を行《おこ》なふならば、民百姓困窮して方々へ離散《ちりぢり》になり、耕作《こうさく》の人鮮《すくな》く。地《ぢ》より生《あが》る物《もの》漸々《せんぜん》に減《へ》り、民の怨《うら》み日々《ひび》に深《ふか》く。蚤《のみ》の息《いき》さへ天に昇《のぼ》るといへば、つゐ《（ママ）》には君のため却《かえ》って悪しからん理なれば忠とはいふべからず。さて公事沙汰あらば、理非をよく決断して、少しも贔屓偏頗《ひいきへんぱ》なく、内縁賄賂《まいない》に惑《まよ》ふべからず。而《さて》また軍忠《ぐんちゅう》を以て論《ろん》ぜば、二心《ふたごころ》なく身《み》を捨《す》て、禮義《れいぎ》ただしく情愛《なさけ》深く、英雄《つわもの》の心を服《したが》へ、軍兵《びょう》を懐《なづ》け、籌策《はかりごと》をめぐらし敵《かたき》を滅《ほろ》ぼして動功《てがら》を立つるを軍大將《いくさだいしょう》の大忠とす。一命を顧みず先鋒《さきがけ》をして、首《くび》を取《と》り敵を擒《いけ》どるを士卒《はむしゃ》の忠とす。もしそれ庶人《したじた》ならば、その國に居《い》て産業《すぎわい》を勤《つと》め、身命《しんみよう》を養《やしな》ふは、主君《しゅくん》の恩徳なれば、扶持《ふち》を蒙《こうむ》らざれども、草莽《そうもう》の臣《しん》とて臣下の中《うち》なり。國の政事《しおき》法度を能《よ》く守《まも》り、その家業《かぎょう》を勤め、年貢《ねんぐ》公役《くやく》を懈怠《けだい》せず、國君を敬《うやま》ひ畏《おそ》れて、假《か》りにも悪《あ》しざまに陰《かげ》沙汰をもいはざるは、庶人《したじたのもの》の忠なり。かくのごとく君臣《くんしん》ともに吾心の良知を致《いた》して仁禮を以て臣を使《つか》ひ、忠節《ちゅうせつ》を盡《つく》して君に事《つか(ママ)》ふまつるを「君臣有《くんしんあ》レ義《りぎ》」といふなり。上帝王《かみていおう》より下士民《しもどみん》まで、貴賤《たかきいやしき》の異《かわ》りあれども、主人奉公人《しゅじんほうこうにん》の交際《まじわり》の道は同《おな》じ理《ことわり》と知るべし。

夫婦有《ふうふあ》レ別《りべつ》

夫は、ヲツトと訓《よ》み、婦は、メと訓み、夫婦《ふうふ》と書きてメオトと訓むなり。上帝王より下土《しもど》民《みん》まで、めおと相連《つれあい》たるを夫婦といふ。別は、ワカチと訓む。男《おとこ》、女《おんな》の差別《(ママ)しゃべつ》の立ちたるをいふ。夫は、和義《(ママ)かぎ》を以て婦を倡《いざな》ひ、婦《つま》は、順正《じゅんせい》にして夫に従《したが》ふ。吾心の良知を致《いた》し、男女の別《わかち》正しく、互《たが》ひに愛敬《あいけい》し和合《わごう》するを、「夫婦有《ふうふあ》レ別《りべつ》」といふなり。それ夫《おっと》の婦《つま》を倡《いざな》ふ和義といふは、和《か》は、親愛《ねんごろ》に和睦《むつまじき》をいひ、義とは、道理に従《したが》ひて裁判《さいばん》するをいふ。蓋《おおかた》夫婦の交《あわい》は、愛欲《あいよく》の私《わたくし》に溺《おぼ》れ、義理《ぎり》の裁判なきに由《よ》つて、あるいは父子《おやこ》兄弟一族《いちぞく》の親《した》しみをも言《い》ひ隔《へだ》てられ怨恨《うらみ》を結び、または家を破《やぶ》り、國《くに》を亡《ほろ》ぼすの類《たぐい》、古《いにしえ》よりその數多《かずおお》し。あるいはまた夫婦《ふうふ》の際《あいだ》そむきそむきにして、作法見苦《さほうみぐる》しきもあり。これみな迷ひの凡夫の業《しわざ》なり、それ婦《つま》は先妣《しした》《るはは》の嗣《あとつぎ》、祭祀《まつり》の助け、子孫相續《そうぞく》の寓《よ》るところなれば、親睦《むつまじく》すべきこと勿論《もちろん》なり。然《しか》れども義理の裁判なければ、愛欲《あいよく》の私に溺《おぼ》れて、家の作法亂《みだ》れ、夫婦の禮義を失《うし》なふゆゑ、和義の二《ふた》つを以て夫《おっと》の婦《つま》を倡《いざな》ふ道《みち》とす。さて婦の夫に事《つか》ふる順正《じゅんせい》といふは、順は、心志柔和《こころいれにゆうわ》に、言《もの》語顏色《いいかおぶり》、起居動静《たちいふるまい》まで、柔軟《やわらか》に恙順《したがう》をいひ、正は義理作法を正《ただ》しく守り、少《すこ》しも隨意《きまま》もなく、淫風《はで》なることもなきをいふ。婦《つま》は夫を天と頼《たの》み、夫の家《いえ》をわが家として、夫婦一體《いったい》の理《ことわり》なれば、われを生《う》む父母《ちちはは》を父母とせず。夫《おっと》の父母を父母とす。されば舅姑《しゅうとしゅうとめ》に孝行の誠を盡《つく》すを順正《じゅんせい》の第一とす。さてその心術躬行《こころだてみもち》を謹《つつ》しみ、萬事《ばんじ》一切《おしなべ》て夫の命《いいつけ》にしたがひ、少しも隨意《きまま》をせず、衣服飲食《きもののみくい》の事を専一と務《つと》め、家を斉《ととの》へ、子孫を育《そだ》て、わが親類《しんるい》よりまづ夫《おっと》の親類を懇情《ねんごろ》にし、一族《いちぞく》を和睦《むつまじう》し、家人《けにん》を憐愍《あわれみ》、心《こころ》をつけて恩《おん》を施《ほどこ》し、たとひ智慧才幹《ちえさいかん》ありとも、それを面《おもて》にあらはさず、柔《やわ》らかに順《したが》ふを本《もと》とし、夫死《おっとし》して後《のち》、再《ふたた》び男《おとこ》に見《まみ》ゆることなきは、婦《つま》たる人の道《みち》なり。かくのごとく夫婦倶《ふうふとも》に吾心の良知を致《いた》して、和義を以て婦《つま》を倡《いざな》ひ、順正《じゅんせい》を以て夫に従《したが》ひ、男女内外《ないげ》の差別《しゃべつ》（ママ）正しきを、「夫婦有《ふうふあ》レ別《りべつ》」といふなり。

長幼有《ちょうようあ》レ序《りじょ》

長は、をとなしき（ママ）人をいふ。われより前に生まれたる人なり。幼《よう》はイトケナシと訓《よ》む。われより後に生まれたるをいふ。すなはち兄弟《きょうだい》の事なり。序《じょ》は、ツイデと訓む。前後の次第をいふなり。兄《あに》は恵《けい》を以て弟《おとと》を愛《あい》し、弟は悌《てい》を以て兄を敬《うやま》ふ。吾心の良知を致《いた》して、互《たが》ひに愛敬し和睦《むつまじう》するを「長幼有《ちょうようあ》レ序《りじょ》」といふなり。それ弟の兄に従《したが》ひ事《つか》ふる行なひの名を悌《てい》といふ。他人の年老《としお》い、官位尊貴《くらいたかくたっとき》には敬順《うやまいしたがう》べき理《り》なり。況乎《ましてや》親《おや》の身《み》を分けて、われより前《さき》に生まれたる兄《あに》なれば敬順《うやまいしたがう》べき事勿論《もちろん》なり。されば父《ちち》についで愛敬《あいけい》すべきは兄なり。その心力《こころちから》を竭《つく》して事《つか》ふべし。さて兄の弟に交恵《まじわるけい》は、友愛《ゆうあい》の二義を兼《か》ねたり。愛は親の子を愛するごとく慇懃《ねんごろ》に親《した》しむをいふ。友《ゆう》は朋友《ともだち》の切磋琢磨《とぎみがき》するごとくに、善《ぜん》を勧《すす》め悪《あく》を警《いま》しむるをいふなり。他人の年少《としわか》く官位賤《くらいいや》しきに交《まじ》はるにも、懇切《ねんごろ》にすべき理《り》なり。況乎《ましてや》弟は親《おや》の血を分《わ》けてわれと一體《いったい》の道理なれば、友愛《ゆうあい》の恵《めぐみ》を施《ほどこ》すべき事勿論《もちろん》なり。然《しか》るに迷《まよ》ひの凡夫《ぼんぷ》、多くは兄弟の交《あわい》、他人《たにん》より疎遠《おろそか》なり。微少《わずか》なる欲《よく》の争訟《あらそい》にて、讐敵《あたかたき》の思ひを結《むす》ぶもあり。兄弟は他人の始めとやらんいふ。飯匙《しやくし》定規《じょうぎ》なる雑談《ぞうたん》を深《ふか》く信《しん》じ、吾身《わが》を吾身にて戕《そこな》ひ、血《ち》で血を洗《あら》ふありさま、愚痴蒙昧《ぐちもうまい》の至極《しごく》なり。同じ親《おや》の身より生《う》まれたれども、前後の次第により、兄は貴《たつと》く弟は賤《いや》しき、自然《しぜん》の序《ついで》なり、兄弟倶《とも》に吾心の良知を致《いた》して、恵悌《けいてい》の道明らかなるを「長幼有《ちょうようあ》レ序《りついで》」と謂《い》ふなり。而《さて》兄をいへば、女兄《あね》はその中《うち》にこもり、弟をいへば、女弟《いもと》はその中に兼《か》ねたり。女の兄弟なりとて、輕《かろ》しめ慢《あなど》るべからず。慇懃《ねんごろ》に愛敬すべし。從兄弟《いとこ》、再從兄弟《またいとこ》、及び内兄弟《ははかたのいとこ》、嫂《あによめ》、新婦《おととよめ》の類《たぐい》、みな兄弟の列《なみ》なり。分際《それぞれ》に愛敬《あいけい》すべし。

朋友有《ほうゆうあ》レ信《りしん》

朋友二字倶《ながら》トモと訓《よ》む。然《しか》れども朋は、疎遠《うとき》をいひ、友《ゆう》は、志《こころざし》同じうして親《した》しきをいふ。信は、マコトと訓み、少《すこ》しも虚僞《いつわら》ず眞實《しんじつ》なるをいふ。朋友の交《まじ》はりに、吾心の良知を致《いた》して、眞實に頼《たの》もしく互《たが》ひに愛敬するを、「朋友有《ほうゆうあ》レ信《りしん》」といふなり。それ朋友《ともだち》の交はり、志《こころざし》同じからねども血脈《すじめ》あるか、または同郷隣家《おなじさといえどなり》、あるいは同官同職《おなじかんやくめ》などの類《たぐい》、親《した》しからぬ面友《ともだち》、さては節々あひ交はり同志《こころざし》の心友《とも》、品々《さまざま》にて同じからずといへども、その等級《しなじな》に應《おう》じて、義《ぎ》理《り》に從《したが》ひ道《みち》を立《た》て、あひ互《たが》ひに善《ぜん》を勸《すす》め、悪《あく》を戒《いまし》め、契約《けいやく》などは少《すこ》しもたがへず愛敬の誠を盡《つく》すは信の道の大槩なり。然《しか》るに世間の人は、ただわれ眞實《しんじつ》に思《おも》ひ入《い》れたる事を、是非《ぜひ》善悪をわきまへず信なりとおもふは、大《おお》いなる謬《あやま》りなり。縦《たと》ひ眞實に思ひ入れたることなりとも、義理に合はぬは信にあらず。眞實に思ひ入れずとも義理に合《かな》ふを信とす。信の道に合ひなば互《たが》ひに命《いのち》の用《よう》にもたつべし。況乎《ましてや》財寶の用にたつべきこと勿論なり。されば朋友互ひに吾心の良知を致《いた》しつつ、愛敬の誠を盡《つく》して虚僞《いつわり》なく頼《たの》もしく交はるを「朋友《ほうゆう》有《あ》レ信《りしん》」といふなり。「父子《ふし》有《あ》レ親《りしん》。君臣《くんしん》有《あ》レ義《りぎ》。夫婦《ふうふ》有《あ》レ別《りべつ》。長幼《ちょうよう》有《あ》レ序《りじょ》。朋友《ほうゆう》有《あ》レ信《りしん》。」この五者《いつつのもの》を五倫《ごりん》と謂《い》ひ、または五典とも、五教とも、天下の達道ともいふなり。倫《りん》は、次第なりと釋き、ツイデと訓《よ》む。人間の次第《しだい》をいふ。典《てん》は常なりと釋き、ツネと訓む。古今の變《かわ》りなく人間の常住不滅《じょうじゅうふめつ》に行《おこ》なふ道なるをいふ。教は、ヲシへと訓み、聖人《せいじん》この五つの道《みち》を以て、一切の人を教へたまふをいふ。天下の達道《たつどう》とは、達は、通達《つうたつ》と熟《つづ》きて何國《いずく》へもゆきわたりて、同《おな》じ通《とお》りなるをいふ。この五倫《ごりん》は、日本も唐土《もろこし》も夷狄《えびすぐに》も、人《ひと》たるものは同じ通《とおり》に由《よ》り行《おこ》なふの道なれば、天下の達道と謂《い》ふなり。かくのごとくに名《な》は五《いつ》つに分けたれども、畢竟《ひつきょう》は吾心の良知を致《いた》すより外はなし。されば吾心の良知を致《いた》して、父子《おやこ》の間に交《まじ》はれば、これを親《しん》と名づけ、君臣の間に交《まじ》はれば、これを義と名づけ、夫婦、長幼《ちょうよう》、朋友《ほうゆう》の間に交《まじ》はれば、別序信《べつじょしん》と名づく。その名は五《いつ》つに異《かわ》れども、その實は一箇《ひとつ》の吾心の良知を致《いた》すなり。譬《たと》へば明鏡《あきらかなるかがみ》の向《むか》ふ物の色相《いろかたち》によつて、うつる影《かげ》は品々《さまざま》に異《かわ》れども、鏡の體は同じがごとし。故に大聖孔子は、「わが道一《みちいつ》以てこれを貫《つらぬ》く」と宣《のたま》ひ、亞聖孟子《あせいもうじ》は、「道《みち》は一のみぞ」と述べたまひ、大賢陽明子《けんようめいし》は致良《ちりょう》知の一《ひとつ》を以《もつ》て人を教《おし》へ導《みちび》きたまふなり。さて五倫《ごりん》について、三綱三事といふことあり。三綱とは、君・父・夫の三《み》つをいふ。これを三綱と謂《い》ふことは、綱《こう》は、網《あみ》のおほづななり。網の目《め》多くあれども、綱をあぐれば、みな從《しが》ひ張《は》る。そのごとく君は臣《しん》の綱《こう》なれば、君をいへば臣はみなその中《うち》にこもり、父は子の綱なれば、父をいへば、子はみなその中にこもり、夫は婦の綱なれば、夫をいへば、婦はその中にこもるなり。然《しか》れば、君《きみ》・父《ちち》・夫《おっと》を三綱といひて、五倫《ごりん》の大目《たいもく》とす。さて三事とは、君・父・師の三つをいふ。これを三事と謂《い》ふことは、事《じ》は、ツカフマツルと訓《よ》む。君・父・師は、いづれも如レ同《おなじよう》に心力を竭《つく》して敬《うやま》ひ事《つか》ふまつるをいふなり。それわが身《み》を産《う》み育《そだ》つるは、父の恩なり。われに禄秩《ふち》を與《あた》へて、わが身を始め、妻子《さいし》眷屬《けんぞく》を養《やしな》ふは、君の恩なり。父われを生み、君われを養ふといへども、師匠《ししょう》われを教《おし》へる事なければ、吾心の良知は具《そな》へながら、それを致《いた》すことを知《し》らず。迷《まよ》ひの心日日《こころにちにち》に深《ふか》く不忠《ふちゅう》・不幸《ふこう》・無禮《ぶれい》・無義《ぶぎ》をなし、禽獸《とりけだもの》に近くなり、身を失《うしな》ひ、家《いえ》を破《やぶ》り、國《くに》天下をも亂《みだ》すなり。されば師匠の教へを受《う》け、吾心の良知を致《いた》して、三綱《こう》五常《じょう》の道明らかなれば、身を立《た》て、家を治《おさ》め、國天下をも安穏《あんおん》にす。故に師の恩の深《ふか》きこと、君父の恩に同じきなり。君・父・師の三《み》つ倶《とも》に同じき恩なれば、これに事《つか》ふまつること、心力を竭《つく》して愛敬《あいけい》し、家に在《あ》るときは、父《ちち》のため。奉公《ほうこう》すれば、君《きみ》のため。教《おし》へを受《う》くるとき、師匠の許《もと》に在《あ》れば、師匠のため。一《いち》命《めい》をも惜しまず事《つか》ふまつるなり。さて君《きみ》・父《ちち》・師《し》の讐《かたき》を報《と》るは勿論《もちろん》の事《こと》なり。然《しか》れば君・父・師の恩は、同理《おなじことわり》にて、高下《こうげ》なく愛敬《あいけい》の誠を盡《つく》して事《つか》ふまつるを三事《さんじ》といふなり。

孝《こう》

孝《こう》は、帝王《ていおう》の貴《たつと》きより、土民《どみん》の賤《いや》しきまで、一切《おしなべ》て出生《うまれいずる》と同じく父母《おや》を愛慕《したう》、最初《まずはじめ》の一《いち》念《ねん》、吾心の良知をさして號《な》づくるなり。古の聖人《せいじん》の身を脩《おさ》め・家《いえ》を齊《ととの》へ・國を治《おさ》め・天下を平《たい》らかにしたまふ教《おし》への法、その事多けれども、吾心の良知、最初《さいしょ》一念の孝を致《いた》して、擴《おしひろめ》充《みつる》より外はなし。故《かるがゆえ》に大聖孔子《こうし》、孝を以て至徳要道《ようどう》と目《な》づけたまふなり。至徳要道とは、仁《じん》義《ぎ》の徳、五倫《ごりん》の道の肝要《かんよう》といふ義《ぎ》なり。この至徳要道を以《もつ》て、君臣《くんしん》、父子《ふし》、夫婦《ふうふ》、兄弟《けいてい》、朋《ほう》友《ゆう》に交《まじ》はれば、すなはち親義別序信《しんぎべつじょしん》となりて、能《よ》く和睦《わぼく》して、上下《かみしも》倶《ながら》怨《うら》みあることなし。これを以て神明を祭《まつ》れば、神明納受《のうじゅ》し、天下《てんか》に施《ほどこ》せば、天下平《たい》らかになり、國を治《おさ》むれば國治まり、家《いえ》を齊《ととの》ふれば家齊ふ。身《み》に行《おこ》なひ心に守《まも》れば、身脩《おさ》まり心正《ただ》しくなる。されば庶民《したじたのもの》は財寶《ざいほう》を蓄《たくわ》へ、その身安樂《みあんらく》になり、士人《さぶらい》は、官位を昇《あが》り、美名《よきな》を彰《あらわ》し、卿大夫《かろうおとな》は家を興《おこ》し、諸侯《くにだいみょう》は一國の榮華《えいが》を受《う》け、天子は萬乘《ばんじょう》の位を保《たも》ち、四海《しかい》の冨《とみ》を得《え》たまひ。子孫長久《しそんちょうきゅう》なり。而《さて》至徳要道《しとくようどう》を約《つづ》めていへば、愛敬《あいけい》の二つに究《きわ》まれり。愛は、したしみむつまじきを謂《い》ひ、敬は、尊《たつと》び崇《あが》めて輕《かろ》しめ慢《あなど》らざるをいふ。五倫を以《もつ》ていへば、親《おや》を愛敬するは、最初《さいしょ》の一念《いちねん》の良知の根本《こんぽん》なれば、元來の名を更《か》へず即《そのまま》孝といふ。それより交境《まじわるところ》によつてその名を建《た》てて、愛敬の心を以て君に事へまつて二心《（ママ）ふたごころ》なきを忠《ちゅう》といひ、臣下を使て禮義《れいぎ》正《ただ》しきを仁といひ、子《こ》を善《よ》く教《おし》ふるを慈《じ》といひ、兄に和順《わじゅん》なるを弟《てい》といひ、弟《おとと》に能《よ》く善《ぜん》を責《せ》むるを恵《けい》といひ、夫《おっと》に善《よ》く事《つか》へて貞節《ただしきみち》を守るを順《じゅん》といひ、婦《つま》を能《よ》く倡《いざな》ひて義を立つるを和といひ、朋友《ともだち》に眞實《しんじつ》に交《まじ》はるを信といふなり。加之《しかのみならず》天下の事、千條萬端《せんじょうばんたん》にして無窮《きわまりな》けれども、畢竟一箇《ひっきょうひとつ》の吾心の良知。愛敬の誠を致《いた》し、擴充《おしひろめみつる》より外はなきなり。さて辱《かたじけな》くも大聖孔子孝經《こうきよう》を説《と》き給《たま》ふに、五等《ごとう》の孝《こう》をわかたれたり。五等とは、等《とう》は、等級《とうきゅう》と熟《つづ》きたる字《じ》にて、シナと訓む。物の品《しな》の差別《わかち》たるをいふ。人間の上下の階級《くらい》、一つには天子、天下《あめしがた》を所知食《しろしめす》御位なり。二には諸侯《しょこう》、國《くに》を治《おさ》むる大名の位なり。三には卿大夫《けいたいふ》、天子諸侯《しょこう》の命《おおせ》を受《う》けて、國天下の政事《しおき》をする家老執権《かろうしつけん》の位なり。四には士。サフラヒと訓《よ》む。卿大夫《けいたいふ》に屬《つきそい》て諸役を勤むる人をいふ。五には庶人《しょじん》、農夫《ものつくり》百工《しょくにん》、商賣《あきんど》の三をみないふなり。吾心良知《ごしんりょうち》の愛敬《あいけい》の孝徳は、貴賤悉皆《たかきいやしきおしなべ》て同一體《どういったい》なれども、如此《かく》五段の階級《くらい》あるゆゑ、その大小高下に因《よ》つて分際相應の孝行あるを、五等《ごとう》の孝といふなり。それ天子の孝行といふは吾心の良知、愛敬の誠を致して、天下の標準《めあて》となり。賢人を擧《あ》げて、天下の政《しおき》をする職《やくめ》とし、善人を擇《えら》びて、その器量《きりょう》に從《したが》ひて、官位職分《つかさやくめ》を授《さず》け、小國の臣下《つかえびと》をも輕《かろ》しめ慢《あなど》らず、天下の政事法度《しおきはっと》正しく、萬民を子《こ》のごとく愍《あわ》れみ、萬國《くにぐに》の人、その徳教《よきおしえ》に變化して、毎家《いえごと》(ママ)に孝子《こうし》となり、毎國《くにごと》に忠臣《ちゅうしん》となりて、天下一統《いっとう》に治《おさ》まり諸侯より庶人《したじた》まで、少しも憾《うら》みなくみな歡《よろこ》ばしめて、その先王《せんおう》の神靈《しんれい》を祭《まつ》りたまふは、天下の孝の大槩《たいがい》なり。諸侯《しょこう》の孝行は、吾心の良知の愛敬を致《いた》し、心術躬行《こころだてみもち》正《ただ》しく公儀《こうぎ》の制度《おきて》を謹《つつ》しみ守《まも》り、上卿《おとな》より下士《したさぶらい》までにそれぞれ職分《やくめ》を授《さず》け、かりそめにも無禮《ぶれい》をなさず、政道正《せいどうただ》しうして百姓を憐愍《あわれみ》、所告《たより》なき寡婦孤子《ごけみなしご》の類《たぐい》を育《はぐく》み、士《さぶらい》も庶民《したじた》も番皆歡《おしなべよろこ》ぶ心《こころ》あらしめ、その國長く富榮《とみさか》えて、先君《せんくん》の神靈《しんれい》を祭るは、諸侯《しょこう》の孝の大槩《たいがい》なり。卿大夫《けいたいふ》の孝行は吾心の良知を致《いた》して、心術躬行《こころいれみもち》を正しく脩《おさ》めて倉卒《かりそめ》の行跡《おこない》も人の儀則《てほん》となり、一つの言語《ものいい》も無益《あだ》ならぬやうに能《よ》く愼《つつ》しみ、君のため、國のためとのみ志《おも》ひいれて、私の經營《いとなみ》、利欲《りよく》の心《こころ》、露《つゆ》ほどもなく、治世《おさむるよ》には天下泰平《てんかたいへい》、國土安穏《こくどあんおん》の政道《せいどう》に與《あづか》り、亂世には計畧《はかりごと》を運《めぐ》らし、軍兵《ぐんぴょう》を指揮《さしつかい》、固《かた》きを破《やぶ》り、その官職《くらいやくめ》を能く守り、先祖《せんぞ》の靈《れい》を祭《まつ》るは、卿大夫の孝の大槩なり。士《さぶらい》の孝行は、吾心の良知を致《いた》して、君を愛敬し二心《ふたごころ》なく忠節を守り、その職分《やくめ》を勤め、われより高位長者《くらいたかくとしより》を敬《うやま》ひ、傍輩《ほうばい》の交際《つきあい》、温和《やわらか》に輯睦《むつまじく》、軍に臨《のぞ》んでは、武勇《ぶゆう》を厲《はげ》まし、勲功《てがら》をし、その知行俸禄《きりまい》を能く保《たも》ちて、先祖《せんぞ》の靈《れい》を祭るは士《さぶらい》の孝の大槩なり。庶人《しょじん》の孝行は、農夫《ものつくり》、百工《しょくにん》、商賈《あきんど》、おのおの吾心の良知を致《いた》して、その産業《すぎわい》を能《よ》く勤《つと》め、米穀《こめ》を積み金銀《かね》を蓄《たくわ》へ、財寶を節用《よきほどにつかい》て妄《むさ》と費《ついや》すことなく、心術躬行《こころいれみもち》を謹慎《つつしみ》、公儀《こうぎ》を畏《おそ》れ、法度《はっと》を守《まも》り。吾身妻子《わがみさいし》の事《こと》を第二《だいに》とし、父母の衣服《きもの》食餌《くいもの》を第一とし、心力《こころちから》を竭《つく》して、父母《ちちはは》の心安樂《あんらく》にして、萬事みな歡《よろこ》びたまふやうに、能《よ》く孝養《やしなう》を庶人《しょじん》の孝とするなり。如此《かく》天子諸侯卿大夫士庶人《しょこうけいたいふししょじん》とその等級《くらい》の高下《こうげ》に由《よ》りて、五等《ごとう》の孝と分《わ》かるれども、畢竟《ひっきょう》はおのおの一箇《ひとつ》の吾心の良知を致《いた》すより外《ほか》はなし。おおよそ聖人《せいじん》、賢人の學問《がくもん》を論《ろん》じたまふに、時《とき》に隨《したが》ひ、事《こと》に就《つい》てその言語《ことば》には、あるいは不同《ふどう》なるごとくなれども、ただ「致《いた》ス二良知《りょうち》ヲ一」の三字に究竟《きわまる》と會得《こころう》べし。」（以上、原文は漢字と片仮名混じりの擬古文。片仮名は平仮名になおし、漢字につけてある読み仮名の旧仮名遣いは現代仮名遣いに書き改めた。読むに便ならしむるため、漢字の読み仮名は、できるだけ中田勝が補完した。）

『王學名義』巻之上終

『王學名義』巻之下

松菴　三重貞亮　著

大學説《だいがくノせつ》

『大學』は、堯舜《ぎょうしゅん》より天下國家《てんかこくか》を治《おさ》むる道《みち》にして、孔門相傳《こうもんそうでん》の書《しょ》なり。『大學』は、大人の學を謂《い》ふ。大人は天地萬物《てんちばんぶつ》を一體《いったい》とするものなり。その學問《がくもん》の道は、明明徳《めいめいとく》、親民《しんみん》、止至善《ししぜん》に在《あ》るなり。それ明徳《めいとく》は、吾心良知《ごしんりょうち》の發見《あらわるる》、自然《おのずから》靈昭不昧《てりかがやきあきらか》にして、天地萬物と一體の仁なるものなり。されば大人、天地萬物を一體とするも、別《べち》（ママ）に思慮《しりょ》を起こすにあらず。吾心良知の仁、元來《がんらい》天地萬物と一體なり。ただ大人のみにあらず、小人もまた同《おな》じ。所以《このゆえ》に孺子《おさなきこ》の井に入《い》るを見て必《かなら》ず怵惕惻隱《おどろきいたむ》の心あり。これその仁と孺子《おさなきこ》は一體《いったい》なればなり。孺子は猶《な》ほ人《ひと》と類同《るいおな》じき者《もの》なり。鳥獸《とりけだもの》の哀鳴觳觫《なきおづる》を見て必ず不忍《あわれむ》の心あり。これその仁と鳥獸と一體なればなり。鳥獸は猶《な》ほ知覺《ものしる》ことあるものなり。草木の摧折《おるる》を見て必ず憫恤《めぐむ》の心あり。それその仁と草木と一體なればなり。草木は猶《な》ほ生意《いきいき》したるものなり。瓦石《いしかわら》の毀壞《やぶるる》を見て必ず顧惜《おしむ》の心あり。これその仁と瓦石と一體なればなり。これみな天地萬物同一氣《どういっき》にして、吾心良知の明徳にあひ通《つう》ずる故なり。しかれども小人は、目《め》に色を好《この》み、耳《みみ》は聲《こえ》に著《ちゃく》し、鼻《はな》に香《におい》を愛《あい》し、口《くち》は味《あじわい》を嗜《たしみ》、身に安佚《やすき》を欲するより、私欲妄念《しよくもうねん》を起し物を戕《やぶ》り、類を圯《そこな》ひ、（物は鳥獸草木《とりけだものくさき》の類《たぐい》をいふ。類《るい》は人倫をいふなり）はなはだしき時《とき》は親子兄弟《おやこきょうだい》あひ殘《そこな》ふに至《いた》って、一體の仁を亡《ほろ》ぼすなり。故《かるがゆえ》にかの大人の學《がく》をする者《もの》は、その私欲妄念の蔽《おおわれ》を去《さ》って、その明徳を明《あき》らかにして、天地萬物一體の仁に復《か》へるばかりまでなり。これを明明徳《めいめいとく》と謂《い》ふなり。親民《しんみん》とは、民《みん》は、タミとも、ヒトとも訓み、家《いえ》の父子兄弟より、天下の人に至《いた》りて、おのれに對《たい》する者《もの》を言《い》ふ。また禽獸草木《とりけだものくさき》の類《たぐい》をも包《か》ねて看《み》るべし。親《しん》は、シタシムと譯《よ》む。いとおしみねんごろにするをいふ。すなはち天地萬物一體の仁の用《はたらき》なり。然《しか》らばわが父《ちち》を親《した》しみて人の父を親《した》しみ、及《およ》び天下の人の父を親《した》しめば、わが仁實《まこと》にわが父、人の父、及び天下の人の父と一體になりて、孝《こう》の明徳明《めいとくあき》らかなり。わが兄《あに》を親《した》しんで、人の兄を親《した》しみ、及《およ》び天下の人の兄を親《した》しめば、わが仁實《じんまこと》にわが兄、人の兄、及《およ》び天下の人の兄と一體《いったい》になりて、弟《てい》の明徳明《あき》らかなり。君臣《きみつかえびと》、夫婦《めおと》、朋友《ともだち》より禽獸蟲魚草木《とりけだものむしうおくさき》の類《たぐい》まで實《まこと》にこれを親《した》しみて、わが一體の仁の用《はたらき》を及《およ》ぼして、わが明徳始めて明《あき》らかにして實《まこと》に天地萬物《ばんぶつ》一體となる。これを親民と謂ふなり。故《かるがゆえ》に親民は、明明徳《めいめいとく》の實事《じつじ》にて、明徳を明《あき》らかにするは、民《たみ》を親《した》しむうへに在《あ》るなり。さて明明徳は、天地萬物一體の體を立つるなり。親民は、天地萬物一體の用《よう》を達するなり（體用《よう》とは、體はスカダ（ママ）と訓《よ》む、用はそのはたらきをいふ。譬《たと》へば、手はその體なり。字を書《か》き畫《え》を寫《うつ》すはその用なり。達《たつ》すとは、ゆきとどかぬところなくをよぼす（ママ）をいふ）。止至善《ししぜん》とは、至善は吾心良知の本體《ほんたい》、天然《てんねん》の中《ちゅう》をいふ（天然《てんねん》とは、人の力《ちから》を假《か》らず、をのづからなる（ママ）をいふ。中は過不及《すぎたらわぬ》ことなく、適當《てきとう》したる道理をいふ）。これ明徳を明《あき》らかにし民《たみ》を親《した》しむ根本《こんぽん》の極則《きょくそく》なり（極則《きょくそく》とはめあてをいふ）。止《し》は、トドマルと譯《よ》む。良知の本體を全《まっと》うして私欲《しよく》妄念《もうねん》のために遷《うつ》されざるをいふなり。それ良知至善の發見《あらわるる》、萬事萬端《ばんじばんたん》に應《おう》じて、是非《ぜひ》善惡を明覺《さとりてら》して、おのづから天然の中あらざることなし。その天然の中に安住《あんじゅう》するを止至善《ししぜん》と謂《い》ふなり。さて民《たみ》を親《した》しみて明徳を明《あき》らかにするは、吾心の良知の發見《あらわる》を昧《くら》まさずして、天地萬物一體の仁、良知の本體に復《か》へらんためなれば、止至善《ししぜん》を明明徳親民《めいめいとくしんみん》の本《もと》とす。譬《たと》へば物《もの》の方圓《しかくまるき》を作るに規矩《ぶんまわしかねざし》を本《もと》とし、物の輕《かる》さ重《おも》みを料《はか》るには權衡《はかり》を本《もと》とし、物《もの》の長短《ながみじか》を知るには尺度《ものさし》を本とするがごとし。而《され》ば明徳を明《あき》らかにするは民《たみ》を親《した》しむに在《あ》り。民を親しむは、至《し》善《ぜん》に止《とど》まるに在《あ》りと知《し》るべし。然《しか》るに辱《かたじけな》くも大聖孔子《こうし》、この明明徳《めいめいとく》、親民《しんみん》、止至然《ししぜん》の道《みち》を詳《つまび》らかに演《の》べたまふに、格物《かくぶつ》・致知《ちち》・誠意《せいい》・正心《せいしん》・脩身《しゅうしん》・齊家《せいか》・治國《ちこく》・平天下《へいてんか》と説《と》きたまへり。平天下《へいてんか》とは、アメガシタ・タヒラカニスと譯《よ》む。吾心の良知を致《いた》して一體《いったい》の仁《じん》を以《もっ》て天下の人を親《した》しみて、政道正《せいどうただ》しく、民《たみ》を養《やしな》ふ法《ほう》を立て、税斂《ねんぐ》を薄《うす》くし、刑罰《おきめ（ママ）》を省《はぶ》き、賢人《けんじん》を用《もち》ひ、惡人《あくにん》を舎《しりぞ》け、學校《がくこう》を建《た》てて孝弟《こうてい》の道《みち》を厚《あつ》くし（學校は學問所《がくもんじょ》をいふ）。天下の人、みな和睦《やわらぎむつまじく》して、平等《びょうどう》に憾《うら》みなきやうにするをいふ。すなはちわが明徳《めいとく》を天下に明らかにするなり。然《しか》るに天下の本は國に在《あ》るなれば、天下を平《たい》らかにせんと欲《おも》はば、必《かなら》ずまづ治國《ちこく》に在るなり。治國とは、クニヲオサムと譯《よ》む。吾心の良知を致《いた》して、一國《いっこく》の人を親《した》しみて家々戸々《いえいえかどかど》に父子《おやこ》あひ親《した》しみ、兄弟夫婦《ふうふ》、あひ和　睦《やわらぎむつまじく》して少しも亂《みだ》れたるところなきやうに、政道《せいどう》をするをいふ。すなはちわが明徳を一國に明らかにするなり。然《しか》るに國《くに》の本は家に在《あ》るなれば、その國《くに》を治《おさ》めんと欲《おも》はば、必ずまづ齊家《せいか》に在《あ》るなり。齊家とは、イヘヲトトノフと譯《よ》む。吾心の良知を致《いた》して、一家《いっか》の人を親《した》しみて、父子《おやこ》、兄弟《きょうだい》、夫婦《ふうふ》、あひ和睦《やわらぎむつまじく》して、上下《かみしも》あひ親《した》しみ、一家の中《うち》、ことごとく理《り》に従《したが》ひて、少《すこ》しも所レ不レ齊《ととのわらぬところ》なきをいふ。すなはち、わが明徳を一家に明らかにするなり。然《しか》るに家の本は、身に在《あ》るなればその家を齊《ととの》へんと欲《おも》はば、必《かなら》ずまづ脩身《しゅうしん》に在るなり。脩身とは、ミヲオサムと譯《よ》む。吾心の良知を致《いた》して、目に非禮《ひれい》の色を視《み》ず、耳に非禮の聲《こえ》を聽《き》かず、口に非禮の言《こと》を言《い》はず、身は非禮の事に動《うご》かず、みな能く道理に從《したが》ふをいふ。然《しか》るに目の視、耳の聽《き》き、口の言《い》ひ、身の動《うご》く、その本はみな心より造《な》すところなり。故にその身を脩《おさ》めんと欲《おも》はば、必ずまづ正心《せいしん》に在るなり。正心とは、コ、ロヲタヾシフ《(う)》スと譯む。正しうすとは、俗にまろくにすといふ義なり。然《しか》るに心は寂然《しずかにして》不動《うごかぬ》ときは天命の性《せい》にして、純粋至善《じゅんすいしぜん》、良知の本體《ほんたい》なり。（天命の性とは、天より人心に《(ママ)》むまれつきたる。良知の體をいふ。純粋至善《じゅんすいしぜん》とは、もつぱら善ばかりにて、少しも惡の雜《まじ》りなきをいふ。）されば心《しん》の本體は不レ正處《ただしからぬところ》なし。何に由《よ》って更にこれを正《ただ》すことを用《もち》ひん。雖然《さはいえど》、一念發動《おこりうごく》を意《い》と謂《い》ふ。この時始めて善惡《ぜんあく》の幾分《きざしわ》かれて不レ正處《ただしからぬところ》あるなり。故《かるがゆえ》にその心を正《ただ》しうせんと欲《おも》はば、必《かなら》ずまづ誠意《せいい》に在るなり。誠意とは、コ、ロバセヲマコトニスと譯《よ》む。誠《まこと》にすとは、裏表《うらおもて》如一《おなじよう》に眞實《しんじつ》にして少《すこ》しも虚僞《いつわりにせ》のなきをいふ。然ればその一念の意《い》の發《おこ》ること、善《ぜん》なれば、これを好《この》むこと好《よ》き色《いろ》を好《この》むごとくに、眞實に好《この》み、その一念の意の發《おこ》ること、惡《あく》なれば、これを惡《にく》むこと惡《あ》しき臭《におい》を惡《にく》むごとくに、眞實に惡《にく》むを、意を誠にすといふなり。しかれどもその善惡の分《わ》かちを明《あき》らかにせざれば眞妄錯雜《まことうそたがいまじり》て、眞實に善を好《この》み、惡《あく》を惡《にく》むこと能《あた》はず。故《かるがゆえ》にその意《い》を誠《まこと》にせんと欲《おも》はば、必《かなら》ずまづ致知《ちち》に在《あ》るなり。致知とは、知《ち》は、人の天より性具《うまれつき》て、自然靈昭不昧《おのずからてりかがやきあきらか》にして、善《ぜん》を見て善と知《し》り、惡《あく》を見て惡と知《し》り、萬《よろず》の道理を知《しり》覺《さとる》なる吾心の良知を指《さ》して言ふ。致《ち》は、イタスと譯《よ》む。吾心の良知の光明《あきらか》なるを十分《じゅうぶん》に明《あき》らかにし盡《つく》すをいふなり。凡《およ》そ一念の意《い》の發《おこ》る、善《ぜん》なれば、吾心の良知、おのづからこれをしり、惡《あく》なれば、またこれを知《し》る。されば善惡を能《よ》く辨《わきま》へて、その意《い》を誠にせんとするには、ただ吾心の良知を致《いた》すべし。そのゆゑは意念《いねん》の發《おこ》る、吾心の良知既《すで》にその善を知《し》る。然《しか》るを誠《まこと》に好むことなくして、背《そむ》きてこれを去《さ》れば、これ善を以て惡として、その善を知《し》る良知を欺味《あざむきくら》ますなり。意念の發る、吾心の良知既にその惡《あく》を知《し》る。然《しか》るを誠《まこと》に惡《にく》むことなく、また蹈《ふ》んでこれをするは、これ惡を以て善として、その惡を知《し》る良知を欺味《あざむきくら》ますなり。かくのごとくならばこれを知《し》るといへども、猶《な》ほ不知《しらぬ》に同じ。いかにして意を誠にせんや。然《しか》ればいまその良知の知《し》る善に於ては、誠に好《この》み、惡《あく》に於ては誠に惡《にく》むときは、その良知をみづから欺昧《あざむきくら》ますことなくして、意誠になるべきなり。而《さて》その良知を致《いた》さんと欲《す》るに響《ひびき》や影《かげ》のごとくに事迹《あとかた》なきにあらず。必ず實《じつ》にその事あり故《かるがゆえ》に知《ち》を致《いた》すは、すなはち格物《かくぶつ》に在《あ》るなり。格物とは、物《ぶつ》は、事《じ》なりと釋《と》く。コトと訓《よ》む。凡《およ》そ意念《いねん》の發《おこ》りて在《あ》るところに必ずその物《こと》あり。たとへば意《い》の發《おこ》る、親《おや》に事《つか》(ママ)ふまつるに在《あ》れば、親に事ふまつる。すなはちこれ一《ひと》つの物《こと》なり。意の發る、君《きみ》に事《つか》ふまつるに在《あ》れば、君に事ふ(ママ)まつる。すなはちこれ一つの物《こと》なり。夫婦《めおと》、兄弟《おととい》(ママ)、朋友《ともだち》の交《まじ》はりより、禽獸蟲魚草木《とりけだものむしうをくさき》の類《たぐい》まで、凡《およ》そ意《い》の在《あ》るところは、悉皆《おしなべて》物《こと》とするなり。格《かく》は正《せい》なりと釋《と》く。タヾスと訓《よ》む。そのただしからぬを正《ただ》して正《ただ》しきに歸《き》するを謂《い》ふ。そのただしからぬを正《ただ》すは、惡事を去《さ》るをいふ。正しきに歸《き》するは、善事《ぜんじ》をするを謂《い》ふなり。凡《およ》そ吾心良知の知るところの善《ぜん》を誠に好《この》まんと欲《す》れども、その意の在るところの物《こと》に就《つい》て、實《まこと》にこれをすることなければ、物《こと》いまだ格《ただ》さずして、善を好《この》むの意いまだ誠あらず。吾心、良知の知る所の惡《あく》を誠に惡《にく》まんと欲《すれ》(ママ)ども、その意のある所の物《こと》に卽《つい》て實《まこと》にこれを去らざれば、物《こと》いまだ格《ただ》さずして、惡《あく》を惡《にく》むの意いまだ誠あらず。故《かるがゆえ》に吾心良知の知《し》るところの善に於ては、その意の在《あ》るところの物《こと》に即《つい》て實《まこと》にこれをなし、吾心、良知の知《し》るところの悪《あく》に於《おい》ては、その意の在るところの物《こと》に即《つい》て實《まこと》にこれを去る。かくのごとくなればその物格《ことただ》して、その知《ち》至《いた》り、少しもみづから欺《あざ》むくことなくして、意の發《おこ》るところ、善を好み、悪《あく》を悪《にく》むこと、十《じゅう》分《ぶん》に眞實《しんじつ》にして意誠あり、意既《すで》に誠あれば、これに由《よ》って心正《こころただ》しく、至善《しぜん》の本體《ほんたい》に復《か》へるべし。心既《すで》に正《ただ》しければ、これに由って、視聽《みきき》 言《ものいい》 動《うごく》みな禮に合《かな》ひて身修《みおさ》まるべし。然《しか》れば士庶人《さぶらいしたじた》は、わが明徳《めいとく》を一家に明《あき》らかにして家齊《いえととの》へり。卿大夫諸侯《おとなくにとり》はわが明徳を一國《いっこく》に明《あき》らかにして國治《くにおさ》まり、天子《みかど》はわが明徳《めいとく》を天下《てんか》に明《あき》らかにして、天下平《たい》らかになり、天地萬物《ばんぶつ》を以て一體とするなり。而格物《さてかくぶつ》、致知《ちち》、誠意《せいい》、正心《せいしん》、脩身《しゅうしん》は、すなはち明明徳《めいめいとく》にて、吾心の良知を己《おの》れに致《いた》すなり。齊家《せいか》、治國《ちこく》、平天下《へいてんか》は、すなはち親民《しんみん》にて吾心の良知を人に致《いた》すなり。止至善《ししぜん》は、明徳親民の至極《しごく》に安住《あんじゅう》し、吾心良知の本體《ほんたい》に復《か》へるなり。さればその名は異《かわ》れども、その實《じつ》はただ一箇《ひとつ》の吾心の良知を致《いた》すに究意《きわまる》なり。これすなはち天地萬物を一體とする大人の學《がく》にして、堯舜《ぎょうしゅん》の正傳《しょうでん》（ママ）、孔子《こうし》の心印《しんいん》、これを號《なづ》けて大學《だいがく》といふなり。諸賢大儒《しょけんたいじゅ》の中《なか》、ただ陽明子《ようめいし》の説《せつ》、獨《ひと》りその宗《そう》を得《え》たり。故《かるかゆえ》にその旨《むね》を述《の》べて、大學《だいがく》の説《せつ》をなす。

仁《じん》義《ぎ》禮《れい》智《ち》信《しん》

仁義禮智信、この五《いつ》つのものを、五常《ごじょう》とも號《なづ》け、または五性《ごせい》とも謂《い》ふなり。五常《ごじょう》とは、常は、ツネと訓《よ》む。上帝王《かみていおう》より下土民《しもどみん》に至《いた》りて、常住不斷《じょうじゅうふだん》に行《おこ》なふべき道にて、古往《いにしえ》今來《いま》に不變《かわらざる》の德《とく》なれば、五《いつ》つの常《つね》と謂《い》ふなり。また五性《ごせい》は、人間《にんげん》の悉皆《おしなべて》、天より稟賦《うまれつき》たる本性《ほんしょう》（ママ）なる故なれば如此《かく》いふなり。それ仁《じん》の字《じ》の意《こころ》。一字を以て難レ言《いいがたし》。されども『論語《ろんご》』に「仁《じん》は人《ひと》を愛《あい》す」と見えたれば、慈悲恩愛《じひおんあい》の德《とく》と會得《こころう》べし。イツクシミと訓《よ》むべきにや。されば吾心良知の慈悲《じひ》の發見《あらわるる》、まづ父母《ちちはは》を孝養《こうよう》して、夫婦兄弟一家一類を和睦《むつまじう》し、一切の人民《ひと》を親《したしみ》愛《いとおしみ》て、禽獸蟲魚草木《とりけだものむしうおくさき》の類《たぐい》に至りて憐愍《あわれみ》て、遠《とお》きも近《ちか》きも内《うち》も外《そと》も、至《いた》らぬところなく、天地萬物一體となりたる德を仁《じん》と名づくるなり。義《ぎ》は、宜《ぎ》なりと釋《と》く。ヨロシと訓《よ》む。譬《たと》へば能《よ》く物《もの》を斬《き》る利刃《かたな》のごとし。圓《まろ》くすべき物《もの》は、圓《まろ》く、方《しかく》にすべき物《もの》は方《しかく》に截《き》り制《な》し、長短曲《ながみじかまがり》直《なおき》、それぞれに宜《よろ》しく適當《かなう》やうに裁《き》り割《さ》くなり。吾心、良知の裁《き》り制《こしらえ》るの發見《あらわるる》、當爲《すべき》をなし、不當爲《すまじき》をせず。當生《いくべき》に生き、當死《しぬべき》に死《し》に、受《う》くべき理《り》なれば、天下をも受《う》け、受《う》くまじき道ならば、一芥《ひとつのちり》をもうけず。諸事萬端《しょじばんたん》に就《つい》て、的當《はつた》とあひ宜《よろ》しく行《おこ》なふ徳《とく》を義《ぎ》と名づくるなり。禮《れい》は理《り》なり履《り》なりと釋《と》く。理《り》は、スヂメ《（ママ）》と訓《よ》む。履《り》は、フムと訓《よ》む。事物《ことわざ》の條理《すじめ》を、ふみをこ《（ママ）》なふといふ義《ぎ》なり。吾心良知の恭敬《うやまい》の發見《あらわるる》、貴賤親疎《たかきいやしきしたしきうとき》の等級《しなじな》。分際相應《ぶんざいそうおう》に、時宜《じぎ》作《さ》法分明《ほうふんみょう》にして、少《すこ》しも紊亂《みだる》ることなく、その節文條理《よきほどのすじめ》あひ當《かな》ひて履《ふ》み行《おこ》なふを禮《れい》といふなり。智《ち》は、知《ち》なりと釋《と》く。サトルとも、シルとも訓《よ》む。事物《わざもの》の道理《どうり》を知《し》り覺《さと》るの義《ぎ》なり。吾心良知の是非《よしあし》するの發見《あらわるる》。天下の道理に於《おい》て、是非分明《ぜひふんみょう》に善悪をわきまへ、少《すこ》しも疑《うたが》ひ惑《まど》ふことなく、道理を能《よ》く守《まも》りて不レ失《うしなわぬ》を智《ち》といふなり。信《しん》は、實《じつ》なりと釋《と》く。マコトと訓《よ》む。眞實《しんじつ》にして毫髪《うのけかみすじ》ほども虚僞《うそにせ》なきをいふ。吾心、良知の眞實《しんじつ》の發見《あらわるる》、仁義禮智となりて、少《すこ》しも虚僞《うそいつわり》なく眞實なるを信《しん》といふなり。天下の善多《ぜんおお》しといへども、天下の理《り》多《おお》しといへども、みなこの五《いつ》つの徳《とく》に含《ふく》む。されば聖人《せいじん》これを以て、教化《おしえ》の肝心《（ママ）かんじん》としたまふ。畢竟《ひっきょう》は吾心の良知の表徳號《とくをあらわすな》と會得《こころう》べし。さてこの仁、義、禮、智、信の五《いつ》つのもの、これを道徳《どうとく》と謂《い》ふ。その所以《ゆえ》は、道《どう》は、ミチと訓《よ》む。人の常住往還《じょうじゅうおうかん》する街道《かいどう》をいふ。この五常《ごじょう》ば、人の貴《たかき》、賤《いやしき》、賢《かしこき》、愚《おろか》、無ㇾ隔《へだてなく》、常住不断《じょうじゅうふだん》に由《よ》り行《おこ》なふべきこと、帝王《ていおう》の貴《たつと》きより、土民《どみん》の賤《いや》しきまで、同じく通行街道《かよいゆくがいどう》のごとくなれば、これを道《どう》といふなり。さて徳《とく》は、得《とく》なりと釋《と》く。ウルと訓《よ》む。これに二《ふた》つの義《ぎ》あり。一つには、五常《ごじょう》の理を、天より自然《じねん》（ママ）に賦《くば》り與《あた》へて、わが有《もの》（ママ）となりえたるをいふ。すなはち大學《だいがく》に所謂明徳《いいたるめいとく》の粨《たぐい》これなり。二《ふた》つには五常の理は、天性《うまれつき》たれども、私《し》欲《よく》に奪《うば》はれたるを、學問《がくもん》をして躬《み》に行《おこ》なひ心に得《え》てわが有《もの》となりたるをいふ。すなはち『大學《だいがく》』に所謂盛徳《いいたるせいとく》の屬《たぐい》、『論語《ろんご》』に見えたる徳《とく》の字多《じおお》くはこれなり。さてまた大聖孔子《こうし》、『論語《ろんご》』に於《おい》て、ただ仁《じん》の一字を説《と》きたまふは仁《じん》は、人《ひと》の心なりと。『孟子《もうし》』に見えたるごとく、良知愛敬《あいけい》の本心《ほんしん》を指《さ》して仁と言《い》ふなれば、ただ仁を擧《あ》げて仁、義、禮、智、信を包《か》ね、萬善萬行《まんぜんまんぎょう》の總名《そうみょう》とす。その時の人、利根《りこん》にしてその理を能《よ》く曉《さと》り得《え》たり。亞聖孟子《あせいもうじ》（ママ）の時は、周《しゅう》の代《よ》の末《すえ》に方《あた》つて、戰國《せんごく》の世《よ》といひて、合戰《かっせん》のみをして、聖人《せいじん》の道を知《し》る人鮮《すくな》く、世隔《よへだ》り時衰《ときおとろ》へて、人鈍根《どんこん》になり、そのうへ楊朱墨翟等《ようしゅぼくてきなど》いふ邪説暴行《よこしまにときあしきおこない》、世上《よのなか》に流行《はやり》し故《ゆえ》、仁義の二《ふた》つを竝《なら》べ説《と》きたまふなり。而《さて》仁義を擧《あ》ぐれば、禮智信は、その中に在《あ》り。その所以《ゆえ》は、禮《れい》は、仁義《じんぎ》を行《おこ》なふ作法《さほう》の節文《よきほど》なるをいふ。智《ち》は仁義を行なふ事爲《ことわざ》道理《どうり》を分明《ふんみょう》にわきまへて、能《よ》く守《まも》って不《さら》レ去《ぬ》をいふ。信《しん》は、仁義を行《おこ》なひて、眞實《しんじつ》にして移《うつ》り變《かわ》ることなきをいふ。然《しか》れば仁義を言《い》へば、五倫五常《ごりんごじょう》より、萬然萬行の徳に至りて、兼備《かねそなえ》ざることなし。この故《ゆえ》に易《えき》の説卦《せつか》に「人の道を立《た》てて、曰《いわ》く、仁《じん》と義《ぎ》と」と見えたり。さて漢《かん》の朝《よ》に至《いた》りて、時世《ときよ》いよいよ衰《おとろ》へ、聖人を去ること遠《とお》きゆゑ、仁義禮智信と詳《つまび》らかに竝《なら》べ言《い》ふなり。然《しか》るに世間の學者、仁義禮智信の五《いつ》つは、ただ一箇《ひとつ》の吾心の良知の表徳《とくをあらわす》の號《な》なるを不《しら》レ知《ず》して、徒《いたず》らに心の外にこれを求《もと》めてその眞《まこと》を失《うしな》ひ、その本《もと》を遺《わす》れ、事物《わざもの》の末《すえ》の道理《どうり》を窮《きわ》め格《いた》るを詮《せん》とし、その學問支離決裂《がくもんはなればなれわかれわかれ》にて、聖人《せいじん》の道《みち》を失《うし》なふ。この故《ゆえ》に大賢陽明子《たいけんようめいし》、致良知《ちりょうち》の三字《さんじ》を、學問《がくもん》の肝要《かんよう》として、吾人《われひと》の道《みち》に入《い》る標準《めあて》としたまふ。誠《まこと》に孔孟《こうもう》の宗旨《しゅうし》（ママ）なり。

孝弟忠信《こうていちゅうしん》

孝弟《こうてい》とは、『爾雅《じが》』の釋詁《しゃくこ》に「善《よ》く父母に事《つか》ふまつる孝《こう》となす。善く兄長《けいちょう》に事ふまつる弟《てい》となす」（原漢文）と見えたり。されば吾心・良知の愛敬《あいけい》の發見《あらわるる》。眞誠惻怛《いつわりなくこころにしめる》を致《いた》して、親に善《よ》く事ふまつる（ママ）を孝と名づけ、兄《あに》に善く事へるを弟《てい》と名《な》づく。君臣夫婦《くんしんふうふ》、朋友《ほうゆう》の交《まじわ》りより、禽獣草木《とりけだものくさき》の類《たぐい》を恵《めぐ》むまで、その事千變萬化《ことといろいろにかわり》て無量《かぎりなし》といへども、ただ親に事ふまつり《(ママ)》、兄《あに》に従《したが》ふ、吾心・良知を致《いた》すれば、遺缺滲漏《のこりもる》ることなく一以貫之《いつもってこれをつらぬく》なり。而親《さておや》に事《つか》ふまつる孝は、即仁《そのまま》なり。兄《あに》に従ふ弟《てい》は、即義《そのままぎ》なり。仁義は、衆生《もろびと》に博《ひろ》く施《ほど》こすより名《な》づけ、孝弟は、親兄《おやあに》によく事《つか》ふまつるより名《な》づく。畢竟《ひつきょう》は吾心・良知の異名《いみょう》なり。忠信《ちゅうしん》とは、二字倶《にじとも》に、マコトと訓《よ》む。程伊川《ていいせん》の説に「己《おの》れを盡《つく》すをこれを忠《ちゅう》と謂《い》ふ。實《じつ》を以てすこれを信《しん》と謂《い》ふ」（原漢文）と見ゆ。この説最も善《よ》し。「己れを盡す」とは、吾心の良知の眞誠《まこと》を内《うち》に盡《つく》して、毫髪《うのけかみすじ》ほども僞妄《いつわり》なきをいふ。「實を以てす」とは、吾心の良知の眞誠《まこと》を盡《つく》したる心の如《とお》りに行《おこ》なふをいふなり。さてまた忠恕《ちゅうじょ》といふことあり。忠は、中心《ちゅうしん》と書《か》く、己《おの》れが心中《しんぢゅう》を盡《つく》して眞實《しんじつ》なる名《な》なり。恕《じょ》は、如心《じょしん》と書《か》く、心の如《とお》《ごとし》りといふ義《ぎ》なり。己《おの》れが心《こころ》の如《とお》りに人《ひと》の心《こころ》を推量《すいりょう》する眞實《しんじつ》なる名なり。されば己《おの》れが眞實《しんじつ》の心《こころ》を以《もっ》て、人《ひと》の心《こころ》を推量《すいりょう》してわが好《この》むことは人も好《この》み、わが悪《にく》むことは人も悪《にく》むなりと、「私なく思ひ」（原漢文）て、人も己《おの》れが心の如《とお》りになさんと欲《おも》ふを恕といふなり。往昔《むかし》、大内介義隆卿《おおちのすけよしたかきょう》の夫人《つま》、かの卿《きょう》久しく在京《ざいきょう》の時《おり》、かの卿の愛妾《めかけ》《あいしょう》の許《もと》へ讀《よ》みて贈《や》りける。「身《み》をつみて人の痛《いた》さぞしられける戀《こい》しかりせば戀《こい》しかりなん」（漢字と仮名交じり文）この歌《うた》、恕の義《ぎ》に能《よ》く合《かな》へり。「身をつむ」とは、つめるをいふなり。さればわが身をつめりて疼《いた》ければ、人《ひと》の身も同《おな》じく痛《いた》きと知《し》るごとく、わが戀《こい》しければ、人も同じく戀《こい》しかるべしと推量《すいりょう》するとなり。この歌を以《もっ》て恕の義《ぎ》を會得《こころう》べし。而《さて》忠信忠恕《ちゅうしんちゅうじょ》、同《おな》じやうなれども、少《すこ》し異《かわ》りあり、忠信は、眞實《しんじつ》を盡《つく》して行《おこ》なふをいひ、忠恕は、眞實を盡《つく》して、人の心を推量《すいりょう》して行《おこ》なふをいふ。「みな良知を致す」（原漢文）の異名《かえな》なり。

さてまた『大學《だいがく》』に所謂《いいたる》「絜矩《けっく》の道《みち》」（原文、書き下し文）は、すなはち恕《じょ》の事《こと》なり。「絜矩」（原文は契矩の字に作る。これを中田勝が正した）とは、絜《けっ》は、度《たく》なりと釋《と》く。ハカルと訓《よ》む。矩《く》は曲尺《かねざし》をいふ。凡《およ》そ物の方《しかく》なるを制《つく》るには、矩《かねざし》を定規《じょうぎ》として度《はか》るごとくに、吾心の良知を定規として、天下の人の心を推量して、老者《おいたるもの》を安《やす》んじ、長者《としあになるもの》を敬《うやま》ひ、幼者《いとけなきもの》を恤《めぐまん》と欲《おも》ふ。人々《にんにん》の分願《ねがい》を遂《と》ぐるやうに政事《しおき》をするを、絜矩の道といふ。是乃《これすなはち》天下國家を治《おさ》むる肝要《かんよう》にして、また「致ス二良知ヲ一」の異名《かえな》なり。

心性情《しんせいじょう》

心《しん》は、コ、ロと譯《よ》む。一身《いっしん》の主宰《あるじ》にて、人《ひと》の神明《たましい》を指《さ》して言《い》ふなり。然《しか》れば目《め》の色《いろ》を視《み》、耳《みみ》の聲《こえ》を聴《き》くより、諸事萬端《ばんたん》に應《おう》ずる主宰《あるじ》は、この心法《しんぽう》なり。『書經《しょきょう》』大禹謨《たいうぼ》に、大舜《たいしゅん》の禹《う》王《おう》に告《つ》げて、この心法の工夫《くふう》を示したまふに、「人心惟危《ひとのこころこれあやうく》、道心惟微《みちのこころこれかすかに》。惟精惟一《これせいなればこれひとつにて》、允執二厥中一《まことにそのちゅうをとる》」と宣《のたま》へり。それ心は元來《がんらい》ただ一箇《ひとつ》にて兩箇《ふたつ》ある物にあらねども、吾心の良知昏昧《くらく》なりて、見聞《みきく》に就《つけ》て、邪念煩腦《じゃねんぼんのう》を起《お》こす方より、「人ノ心」と名づけ、吾心・良知の自然《しぜん》の如《ごと》くに明《あき》らかなる方より「道《みち》ノ心《こころ》」と名づけたり。然《しか》れば、眼《め》に男女の美《うつく》しき色《いろ》を視《み》て戀《れん》慕《ぼ》の闇《やみ》に迷《まよ》ひ、耳《みみ》に淫聲《おもしろきこえ》を聴《き》きて、愛執《あいしゅう》の心深く、口《くち》に慈味《よきあじ》を食《しょく》し醇酒《よきさけ》を飲《の》み、身に錦《にしき》繡《ぬいもの》の衣服《きもの》を飾《かざ》り、宮殿樓閣《きゅうでんろうかく》に居て歡樂《たのしみ》を窮《きわ》めんと欲心《おもうこころ》あるよりして、身を喪《うしな》ひ、家《いえ》を破《やぶ》り、國《くに》を滅《ほろぼ》し、天下を亂《みだ》すなれば、人心の發《おこ》るは、危殆《あぶなき》道理なる故に、「人心惟危《ひとのこころこれあやうし》」と警《いまし》めたまへり。吾心・良知の本體《ほんたい》、寂然不動《しずかにしてうごかず》、無聲無臭《おともなくかもなき》なれば、「道心惟微なり《みちのこころこれかすか》」と宣《のたま》へり。然而《しかれども》人心の外に道心あるにあらず。人心の正《ただ》しきところを卽《そのまま》道心といひ、その正《ただ》しきを失《うし》なふを卽《そのまま》人心といふなり。而《され》ば吾心・良知の正しき道理の順《まま》ならば、男女の情《なさけ》も、飲食衣服《のみくいきもの》、官位財寶《かんいざいほう》悉皆《おしなべて》道《みち》の用《はたらき》にて、人心卽《そのまま》道心なり。「惟精惟一《これせいなればこれひとつ》」とはその修行《おこない》の工夫《しょう》《くふう》なり。精《せい》の字《じ》、シラゲと訓《よ》む。米《こめ》を眞舂《まづき》にして透徹《すきとおり》て青《あお》く見ゆるをいふ。されば精《せい》の字《じ》、米片《こめへん》に青《あおし》と書《か》きけり。それ米《こめ》を精《しらげ》にするは、舂簸篩揀《つきひふるい》を加《くわ》ふるごとく、人心の邪念《じゃねん》を去《さ》つて、道心の良知一《ひと》つになるをいふなり。「允執㆓厥中㆒《まことにそのちゅうをとる》」とは、人心の邪念なく、道心の良知一《ひと》つになれば、五《ご》倫《りん》の際《あいだ》より、禽獸草木《とりけだものくさき》の類《たぐい》に接《まじ》はるまで、悉皆《おしなべて》天然《てんねん》の中《ちゅう》に合《かな》ふを謂《い》ふなり。さて孟子《もうじ》には、四端《したん》の心を説きたまふ。すなはち道心《みちノこころ》なり。その説に、「惻隱之心、仁之端也《はしなり》。羞惡《しゅうお》之心、義之端也。辭讓《じじょう》之心、禮之端也。是非《(ママ)しひする》之心、智《ち》之端《はし》也」と見えたり。惻隱《そくいん》は、イタミイタムと譯《よ》む。身に染《そ》み心に切《し》みて憐愍《ふびん》なる心《こころ》、底《そこ》より發《おこ》るをいふ。羞惡《しゅうお》は、ハヂニクムと譯《よ》む。己《おのれ》が惡《あく》を耻《はず》かしく思ふを羞《しゅう》といひ、人の悪《あく》を憎《にく》く思ふを悪《お》といふなり。辭讓《じじょう》は、物を辭《(ママ)じき》退して、人に遜讓《ゆずる》をいふ。是非《(ママ)しひする》は、善《ぜん》を是《ぜ》とし、惡《あく》を非《ひ》と辨《わきま》ふるをいふなり。この四《よつ》の心を四端《したん》といふは、端は本始《ほんし》の義にて、物の根本《こんぽん》の端始《はじめ》をいふ。惻隱《そくいん》、羞惡《しゅうお》、辭讓《じじょう》、是非《(ママ)しひする》の心《こころ》は、吾心・良知の發見《あらわれ》て仁義禮智の本始《もとはじめ》なれば、四端の心といふなり。孟子《もうじ》、この四端の心を説きて擴充《かくじゅう》するを修行《おこない》としたまふ。擴充《かくじゅう》とは、擴《かく》はヲシヒロム（ママ）と譯《よ》む。充《じゅう》は、充實《じゅうじつ》充滿《まん》と熟《つづ》きたる字にて、ミツルと譯《よ》む。物をヲシヒロゲて、一《いっ》（ママ）はいにミツル義なり。孟子《もうじ》の意《こころ》は、人の四端の心あるは、その身に四體《てあし》あるごとく、人々壹是《おしなべて》性具《うまれつき》、外求《ほかにもと》むるを待《ま》たず。さればこの心を推廣《おしひろ》げて、その本體《ほんたい》に充滿《じゅうまん》せば、仁義禮智の徳《とく》あらはれ、天地萬物一體《ばんぶついったい》になるべきとなり。四端の心、その名は四《よ》つに異《かわ》れども、その實《じつ》は、一箇《ひとつ》の吾心の良知にして、擴充《かくじゅう》は卽《すなはち》良知を致《いた》すをいへり。性《せい》とは、生《せい》也とも、理也とも釋《と》く。立心片《りっしんぺん》に生《せい》の字を書《か》けり。コヽロネと譯《よ》む。人の天より性具《うまれつき》て、吾心の良知の本體《ほんたい》、生生《せいせい》して不レ息《やまぬ》道理《どうり》を指《さ》して言《い》ふなり。（生生《せいせい》とは、天地《てんち》の萬物《ばんぶつ》を生《しょう》ずるごとく、良知の善念《ぜんねん》の發見《おこりあらわる》る、を言ふなり。）さて心《しん》と性《せい》と、名は二《ふた》つなれども實《じつ》は一《ひと》つなり。天より人にあたふるよりは性といひ、人の天より稟《う》けて一身《いっしん》の主宰《あるじ》とするより心《しん》といふ。ただ一箇《ひとつ》の吾心・良知の異名《かえな》なり。『論語《ろんご》』に「性あひ近きなり。習へばあひ遠きなり」（原漢文）と見えたる。古今《いにしえいま》に性《せい》を論《ろん》ずる本旨《ほんし》なり。「性あひ近し」とは、吾心・良知の本體《ほんたい》は、聖人《せいじん》も途人《みちゆきびと》も天より同じく稟賦《うけえ》たる至善《しぜん》なるをいへり。「習へばあひ遠し」とは、善《ぜん》に習《なら》ふて吾心の良知を致《いた》すれば聖賢君子となり、惡《あく》に習ふて吾心の良知を味《くら》ませば、小人悪人となるをいふなり。孟子の性善《せいぜん》の説《せつ》は、「性あひ近き」の旨《むね》を述《の》べたまふなり。さてまた『中庸《ちゅうよう》』に性道教《せいどうきょう》の三《み》つを開示《しめし》たまふ。その説《せつ》に「天命《てんめい》これを性《せい》と謂《い》ふ。性《せい》に率《したが》ふこれを道《みち》と謂《い》ふ。道《みち》を脩《おさ》むるこれを教《おし》へと謂《い》ふ」（原漢文）と見えたり。命《めい》は、命令《れい》と熟《つづ》きて、上《かみ》より下にいひつけるをいふ。勅命宣命《ちょくめいせんみょう》の類《たぐい》、みな禁裏《きんり》より仰《おお》せ下《くだ》さるるをいふこれなり。それ性《せい》は、人心《じんしん》の生理《せいり》、すなはち吾心《ごしん》・良知の本體《ほんたい》なり。天道《てんどう》無《ものいうこと》レ言《なし》といへども、人自然《しぜん》に性具《うまれうる》こと、天の命ずるごとくなれば、「天命《てんめい》これを性《せい》と謂《い》ふ」（原漢文）といへり。さて吾心・良知の天性《てんせい》に循《したがい》行《おこなえ》ば、自然《おのずから》父子《ふし》の親《しん》、君臣《くんしん》の義《ぎ》、夫婦《ふうふ》の別《べつ》、長幼《ちょうよう》の叙《じょ》、朋友《ほうゆう》の信《しん》と、品品《それぞれ》に顯《あら》はるるを、「性《せい》に率《したが》ふこれを道《みち》と謂《い》ふ」（原漢文）といへり。然るに賢人《けんじん》より以下の者は、天性《てんせい》の道《みち》に循《したが》ふことあたはぬ故《ゆえ》に、聖人《せいじん》それがために教《おし》へを立て、人々《にんにん》（ママ）をして、吾心・良知の本體《ほんたい》に復《か》へらしむるを、「道《みち》を脩《おさ》むるこれを教《おし》へと謂《い》ふ」（原漢文）といふなり。さてその教への肝要《かんよう》は、愼《つつしむ》レ獨《ひとり》ヲの二字に約《つづ》まれり。獨《ひとり》とは、人は知らねども己《おの》れ獨《ひと》り知るの地《ところ》、即ち吾心・良知の本念《ほんねん》を指《さ》して言《い》ふなり、愼《つつしむ》とは、大事にかけて不《うしなわぬ》レ失やうにするなり。愼ムレ獨リヲも、また良知を致《いた》すの異名《かえな》と會得《こころう》べし。情《じょう》は性《せい》の動《うご》きたる名なり。内心に在《あ》りていまだ發動《おこりうご》かざるは性《せい》なり。事物《こともの》に觸《ふ》れて感《かん》じ動《うご》くは情《じょう》なり。情《じょう》に七《なな》つの目《な》あり。喜《き》怒《ど》哀《あい》懼《く》愛《あい》惡《を》欲《よく》、これを七情《しちじょう》といふ。喜《き》は、ヨロコブと譯《よ》む《(ママ)》。うれしがるをいふ。怒《ど》は、イカルと譯《よ》む。はらをたつるをいふ。哀《あい》は、カナシムと譯《よ》む。物のあはれをなげくをいふ。懼《く》は、オソル、と譯《よ》む。物をこはがる《(ママ)》をいふ。愛《あい》は、イトオシムと譯《よ》む。物を可愛《かわゆ》くおもふをいふ。惡《お》は、ニクムと譯《よ》む。物の機《き》にいらず嫌忌《きらう》をいふ。欲《よく》は、オモフと譯《よ》む。心に物を貪《ほしが》るをいふ。この七情《しちじょう》は人たる者は、聖人《せいじん》も、凡夫《ぼんぷ》も同じく不能無者《なくてならぬもの》にて、又《また》惡者《あしきもの》にはあらず。聖人は、吾心の良知光明《あきらか》なる故《ゆえ》に、七情卽《しちじょうすなはち》仁義禮智の徳《とく》なり。凡夫は、吾心の良知暗昧《くらき》ゆゑ《(ママ)》、不當怒《いかるまじき》に怒《いか》り、不當喜《よろこぶまじき》に喜《よろこ》びて、七情縱逸《ほしいまま》になり、邪欲日々《じゃよくひび》に熾盛《さかん》にして、不義《ふぎ》無道《(ママ)ぶとう》をなすなり。さて情欲《じょうよく》といふものあり。劉晝《りゅうちゅう》（原文は畫の字に作るが、中田勝が正した）の説に「性《せい》の感《かん》ずるところのものは、情《じょう》なり。情の安《やす》んずるところのものは、欲《よく》なり」（原漢文）と見えたり。されば情《じょう》の太過《すぎ》たるものを欲《よく》といふなり。夫《か》の眼《め》の色を悦《よろこ》び、耳《みみ》の聲を好《この》み、鼻《はな》の香《か》を愛《あい》し、口の味《あじわい》を嗜《す》くの類《たぐい》、智者も愚人も同じく、性《せい》の感《うご》くところの情なり。然而《しかれども》愚人は、情の發《おこ》ること熾盛《さかん》にして、一行三昧《それざんまい》に安住《おちつき》て、道理の正《ただ》しきを失なふを欲《よく》といふ。これを人欲《じんよく》とも物欲《ぶつよく》ともいふなり。さてまた意《い》といふものあり、情とあい似《に》たり。情は内心より自然《しぜん》に發《おこ》る、性《せい》の動《うご》くをいふ。意《い》は、心より一念の思量分別《おもいはかる》《しりょうふんべつ》を起《お》こす。心《しん》の動《うご》くなり。然《しか》るに心性情意《しんせいじょうい》の四者《よつのもの》を合《あわ》せて觀《み》れば、凡《およ》そ事物《こともの》の來《き》たりて交感《まじわる》にこれが主宰《あるじ》となるものは心《しん》なり。あるいは喜《よろこ》び、あるいは怒《いか》るものは情《じょう》なり。その喜怒《よろこびいかり》をなす根本《こんぽん》は性《せい》なり。これは喜、かれは怒《いか》るべしと思量分別《しりょうふんべつ》するものは意《い》なりと會得《こころう》《えとくす》べし。

理氣《りき》

理《り》は、條理《じょうり》と熟《つづ》きたる字にて、人《ひと》の日用《にちよう》に當行《おこなうべき》 條理《すじめ》をいふ。卽《すなはち》父子の親《しん》、君臣の義《ぎ》、夫婦の別《べつ》、長幼の叙《じょ》（ママ）、朋友の信《しん》、これ吾心・良知の條理《すじめ》なり。氣《き》は、孟子《もうし》に氣《き》は、「體《てい》（ママ）の充也《みてるなり》」と見えたり。されば目《め》の視《み》、耳《みみ》の聽《きき》、鼻《はな》は齅《か》ぎ、口《くち》は言語《ものいい》 味《あじわい》を嘗《な》め、四支《てあし》を動作運用《うごかしはたらか》するものを氣《き》といふなり。人の一身《いっしん》、頭《あたま》の頂上《ちょうじょう》より、脚《あし》の爪端《つまさき》まで、至《いた》らぬ隈《くま》なく、充滿《みちみち》てあるなり。善《ぜん》をするも、惡《あく》をするも、氣《き》の動用《はたらき》なり。然《しか》うしてその氣の動用上《はたらきのうえ》に自然善《おのずからぜん》は當爲《すべく》、惡《あく》はなすまじき理《り》ぞと。知《し》り覺《さと》る神明《しんめい》あるを、吾心の良知といふ。此即理《これすなはちり》なり。されば理《り》は、氣中《きちゅう》の條理《じょうり》にて、氣を離《はな》れて外に理あることなし。氣即理《きすなはちり》、理即氣なることを辨《わきま》ふべし。さて孟子《もうじ》の説《せつ》に浩然《こうねん》(ママ)の氣を養ふと見えたるは、浩然は、洪水《こうずい》の出て礙《さわ》るところなく、悠々《ゆうゆう》と流《なが》れ行《ゆ》くの貌《かたち》なり。人の元來天より稟《う》け得《え》たる氣は、至大至剛《しだいしごう》とて、おほきにつよき勇氣《ゆうき》にて、物に奪《うば》はれ懼《おそ》るる事も屈《かが》み撓《たわ》むこともなく、天下の一大事に當《あた》っても、露《つゆ》ほども動轉《どうてん》することなき故《ゆえ》に浩然の氣と名《な》づくるなり。然《しか》るに凡庸《よのつね》の人は、この大剛《だいごう》の勇氣《ゆうき》を養《やしな》ふことを知らずして、物に奪《うば》はれ事に懼《おそ》れて柔輭《ぐさり》(輭は軟の本字、中田勝、説明)と懦弱《よわく》なるなり。その氣を養ふ工夫《しょう》は、集義《しゅうぎ》を以て事とするなり。集義とは、集《しゅう》は、アツムルと譯《よ》む。義は心にその宜《よろ》しきを得《う》るをいふ。諸事萬端《しょじばんたん》に就《つい》て、みな義に合《がっ》するを集義といふ。すなはち良知を致《いた》すことなり。しかれば、吾心の良知を致《いた》して事を行《おこ》なへば、おおよそ天下の事に於《おい》てみな心《こころ》その宜《よろ》しきを得《え》て自省《みずからかえりみる》に少しも愧怍《はずる》(愧は原文は愧の字に作るも愧とした。中田勝、記)ことなく快然《こころよき》ときは、浩然大剛の勇氣《ゆうき》、生《しょう》じ來《きた》って、萬事に流行《おこなわれ》て、少しも恐懼《おそるる》ことなく、もしくは大國《たいこく》、もしくは天下の政事《しおき》に關《あず》かるといへども、少しも心動轉《こころどうてん》することなし。『大學』に「心廣く體胖《ゆた》かなり」と説き、『論語』に「内に省みて疚《やま》しからねば、それ何《なに》をか憂《うれ》へ何をか懼《おそ》れん」（原漢文）と説きたまふも同じ意なり。さて理氣《りき》の説《せつ》、天道に就《つい》て言《い》へば、『易《えき》』の繫辭《けいじ》に、「生生《せいせい》これを易《えき》と謂ふ」（原漢文）といふは、氣《き》を説《と》く。「『易』に太極あり」（原漢文）といふは、理《り》を説《と》くなり。『易』は、「變易也《へんえきなり》」と釋《と》く。カハルと譯《よ》む。天地一元《いちげん》の氣、陰《いん》に變《へん》じ陽《よう》に易《かわ》り、春夏秋冬と流行《めぐり》て、萬物《ばんぶつ》を生《せい》々して息《や》むことなきを易《えき》といふ。卽《すなはち》氣なり。その氣の生生するに、柳緑花紅《やなぎみどりはなくれない》、鳶飛魚躍《とびとびうをおどる》べき、それぞれの道理を顯《あらわ》す。その神靈《しんれい》を太極《たいきょく》といふ。卽《すなはち》理なり。さて理を太極と名づくるゆゑんは、太《たい》は、無上無外《うえもなくほかもなき》の義《ぎ》なり。極《きょく》は、至極《しごく》の際《きわ》をいふ。それ理は、天地萬物當然の至極《しごく》なれば、稱美尊崇《ほめたっとび》て號《なづく》るなり。もし人の上を以て言《い》はば、一心の念々息《や》まざるの上《うえ》に、吾心の良知の具《そな》はるを、「『易』に太極あり」（原漢文）といふなり。さてまた理氣《りき》に就《つい》て、天道天命といふものあり。天道に三《み》つの義を存《そん》す。流行《りゅうこう》と、對待《たいたい》と、主宰《しゅさい》となり。一《ひと》つに流行《めぐる》《りゅうこう》とは、天地一元《いちげん》の氣の、一度《ひとたび》は陰《いん》となり一度《ひとたび》は陽《よう》となりて、春夏秋冬と流行《めぐる》天道をいふ。『易《えき》』の繫辭に、「一陰《いん》一陽《よう》これを道《みち》と謂《い》ふ」（原漢文）と説《と》くはこれなり。二《ふたつ》に對待《むかいあう》《たいたい》とは、天地日月山川水火より、晝夜《よるひる》（ママ）の明闇《あけくれ》、寒《さむ》さ暑《あつ》さの往來《ゆきき》まで、おのおの陰陽對待《いんようむかいあい》たる天道をいふ。『易』の説卦《せっか》に「天の道《みち》を立《た》てて、曰《いわ》く陰《いん》と陽《よう》と」（原漢文）と説《と》くはこれなり。三《みっつ》に主宰《つかさどる》《しゅさい》とは、人の善事《よきこと》を修《おこな》へば福《さいわい》を與《あた》へ、淫悪《あしきこと》を作《な》せば、殃《わざわ》ひを降《くだ》すことを主宰《つかさどり》たまふ。皇天上帝《こうてんしょうてい》を天道といふ。『尚書《しょうしょ》』に「天道、善《ぜん》に福《さいわい》し、淫《いん》に殃《わざわ》ひす」（原漢文）と説《と》くはこれなり。天命とは、天は、自然法爾《ほうに》の理をいふ。人力《ひとのちから》を假《か》らずして、をのづからなるをいふ。命《めい》は、命令《めいれい》と熟《つづ》きたる字にて、上《かみ》より下《しも》へ物をいひつくるをいふなり。その善悪を辨《わきま》へ、愛敬孝弟《あいけいこうてい》を知《し》る吾心の良知、天より自然賦豫《おのずからあたえ》たまふ理なり。されば天よりいへば、天命と謂《い》ひ、人の稟賦《うけえ》たるよりは性《せい》と謂《い》ふ。即性命の理これなり。然るに聖人《せいじん》の宣《のたま》ふ天命は、多《おお》くは貧 冨 貴 賤 吉 凶 禍 福 生 死 存 亡《まずしくとみたつとくいやしきよしあしわざわいさいわいいきしにながらえほろぶる》のあらはるる上《うえ》にて説《と》きたまふ。人間《にんげん》の貧冨《まずしくとみ》 生死《いきしに》の類《たぐい》、みなこれ天道《てんどう》の所爲《すること》にて、人間《にんげん》の作業《しわざ》に及ばぬことにして、招《まね》かねども自然至《おのずからいた》るを、天命といふなり。されば吾心の良知を致《いた》してその道《みち》を致《いた》して吉凶禍福《よしあしわざわいさいわい》のおのづから至《いた》るは、天命なり。毫髪《うのけかみすじ》ほども道に合《あ》はぬならば人《ひと》の造作《こしらえ》たる所業《しわざ》にて、天命《てんめい》にはあらず。然《しか》るに世間の凡夫《ぼんぷ》は、諸事の無養生《ぶようじょう》にして疾病《やみわずらい》、家業《かぎょう》を勤《つと》めずして貧《びん》乏《ぼう》になり、公議《こうぎ》の法度《はっと》を犯《やぶ》りて刑《ころ》さるる類《たぐい》を天命といひ、あるいは過去《かこ》の業《ごう》、丁《ちょう》どその時節《じせつ》到來等《とうらいなど》といひ、または躬行《みもち》を放逸《ほしいまま》にして、諸事みな天道次第、果報《かほう》は寢《ね》て需《まて》といふ。大《おお》いなる謬《あやま》りなり。それはわれと作爲《こしらえ》たる虚事《いたずらごと》にて、天命にはあらずと會得《こころう》べし。

知行合一《ちこうがういつ》（説明。原文は「ちこうがついつ」と読み仮名しているが、現在、使われている読み仮名をつけた。中田勝、記。）

知《ち》は、シルと譯《よ》む。事物《こともの》の道理を能《よ》く合點《がてん》するをいふ。行《こう》は、ヲコナフ（ママ）と譯《よ》む。身《み》に道《みち》を修行《おさめおこなう》《しゅぎょう》するをいふ。合一《ごういつ》は、アハセヒトツニスと譯《よ》む。儒學《じゅがく》にても、佛教《ぶっきょう》にても、知行を分けて二とす。故にまづ事物の道理を心に知《し》り得《え》て、そののち身に行なふと會得《こころえ》たり。然《しか》るに陽明子の説《せつ》は、「知是行之始《ちはこれこうのはじめ》、行是知之成《こうはこれちのなる》」と宣《のべたま》ひて、知行合一なりと立《た》てたまふ。以レ要《かなめを》言《いえ》レ之《ば》、孝を行ない、弟《てい》を行なはんと欲《おも》ふ心は、これ知《ち》にして行の始めなり。その孝弟の淺《あさ》さ深《ふか》さは行《おこ》ない得《え》て知《し》る、これ行《こう》にして知の成就《じょうじゅ》したるなり。譬《たと》へば飲食するがごとし。飲食《のみくい》せんと欲心《おもうこころ》ありて、飲食を知る。その飲食せんと欲心《おもうこころ》は、行の始めなり。飲食の味《あじわい》は口《くち》に入るを待《ま》つて後《のち》に知る。これ知の成るなり。かつそれ孝弟を知《し》るといふは孝弟を行《おこ》なひ得たるを謂《い》ふ。孝弟の理《り》ばかりを曉《さと》り得《え》たるをいふにあらず。この故《ゆゑ》に「知即行《ちはすなはちこう》、行即知《こうはすなはちち》」にして、知行あひ離れずして、兩個《ふたつ》にあらざれば、知行合一といふ。これすなはち陽明學《ようめいがく》の宗旨にて孔孟《こうもう》の本旨なり。具さに『傳習録《でんしゅうろく》』に見えたり。方《まさ》にいま畧《りゃく》してその大槩《たいがい》をいふならん。

陽明子《ようめいし》四句教法《しくのきょうほう》

無クレ善無キハレ惡心之體。有リレ善有ルハレ惡意ノ之動。知リレ善ヲ知ルハレ惡ヲ是レ良知。爲シテレ善ヲ去ルハレ惡ヲ是レ格物。

「善《ぜん》なく惡《あく》なきは心の體《たい》。善あり惡あるは意《い》の動《どう》。善を知り惡を知るはこれ良知《りょうち》。善をなして惡を去るはこれ格物《かくぶつ》。」（右、原文の書き下し文は、底本には載せていないが中田勝・加記。）

陽明子《ようめいし》、諱《いみな》は守仁、字《あざな》は伯安、姓《せい》は王氏にておはします。明朝正徳《みんちょうせいとく》の時代の人にて文武二《に》道《どう》の名將《めいしょう》、才徳兼備《さいとくけんび》の賢儒《けんじゅ》なり。南方宸濠《なんぼうしんごう》とて、さしも強《つよ》かりし朝敵を滅《ほろ》ぼし、新建伯《しんけんのはく》といふ國大名となり。天子より文成《ぶんせい》公と謚《おくりな》を賜《たま》ひて、孔子の御廟《ごびょう》に從《したが》ひ祀《まつ》りたまふ。陽明《ようめい》は、その別號《べつごう》なり。子《し》は、男子有徳《ゆうとく》の稱《しょう》とて、先儒《せんじゅ》を崇尊《あがめたつとん》でいふなり。然《しか》るに陽明子多くの御《み》弟子おはして、つねに學問を論じたまふに、件《くだん》の四句《しく》を教《おし》へたまふ。それ心《しん》（ママ）の體《たい》はすなはち天命の性《せい》をいふ。一念もいまだおこらざるときは善といふ名《な》さへなほなし。況乎《ましてや》惡のあるべきやうなし。故《かるがゆえ》に「善なく惡なきは心の體」（原漢文）と説かれたり。「意之動《いのどう》」とは、心の一念をこそいづるをいふ。ここに始めて善惡の名《な》あり。されば「善あり惡あるは意の動」（原漢文）と宣《のたま》へり。その一念《いちねん》善惡の上《うえ》にこれは善、かれは惡と明辨《あきらかにわきまえ》る知慧《ちえ》の機《はたらき》あるを良知《りょうち》といふ。この故に「善を知り悪を知るはこれ良知」（原漢文）と見えたり。格物《かくぶつ》といふは、格《かく》は、正《せい》なりと釋《と》く。タヾスと譯《よ》む。物《ぶつ》は、事《じ》の字《じ》の義にて、コトと譯《よ》む。凡《およ》そ心に思ひ躬《み》に行《おこ》なふ事爲《しわざ》をいふ。その事爲《しわざ》の不正《ただしからぬ》を正《ただ》して心術躬行《こころいれみもち》を正しくするを格物《かくぶつ》といふ。正しきは、すなはち善なり。不正《ただしからぬ》は、すなはち惡なり。それ吾心の良知は、天理の明《あき》らかに覺《さと》るところ、自然《おのずから》善惡を知《し》るといへども、人欲《じんよく》の私に昏《くら》まされて、吾心の良知をみづから欺《あざむ》きて惡を作《な》すは、格物《かくぶつ》の修行をせぬ故《ゆえ》なり。この故に吾心の良知を開發《ひらきおこす》《かいほつ》せんために師匠《ししょう》に從ひて學問をし、聖人《せいじん》の教《おし》へを明《あき》らめ善惡の理を辨《わきま》へ、善を行なひ惡を去るべし。これこそ「善をなし惡を去るこれ格物」（原漢文）と謂ふなれ。おおよそ善といふは、五倫五常《ごりんごじょう》の道の正《ただ》しきを謂《い》ひ、悪といふは、五倫五常の道の亂《みだ》れたるを謂《い》ふと會得《こころう》べし。畢竟《ひっきょう》學問の道は、この四句の教法《きょうほう》に約《つづ》まり。四句の教法は、また「良知を致す」（原漢文）の三字に極まる。この理を知行《ちこう》するを儒者《ものしり》《じゅしゃ》といふなり。然《しか》るに世上の人、ただ書物《しょもつ》を講談《こうだん》し、歴代《むかし》《れきだい》の事實《こと》を能《よ》く記《おぼ》え、詩《し》を賦《つく》り、文《ぶん》を屬者《かくもの》を儒者と思《おも》へるは大《おお》いなる謬《あやま》りなり。それ儒は、濡《じゅ》也と釋《と》く。ウルホスと譯《よ》む。五倫五常の道を以てその身をウルホスといふ義《ぎ》なり。然《しか》れば上帝王将軍《かみていおうしょうぐん》より下土民百姓《しもどみんひゃくしょう》（ママ）に至りて、吾心の良知を致《いた》して、五倫《ごりん》五常の道正《みちただ》しく、各々の職分《やくめ》を能《よ》く勤《つと》むるを壹是《おしなべて》儒者《じゅしゃ》といふべきなり。されば宋景濂《そうけいれん》の説に「二帝《じてい》は、儒にして帝。三王《さんおう》は、儒にして王。皐陶《こうよう》、伊尹《いいん》、周公《しゅうこう》は儒にして臣《しん》。孔子は、儒にして師」といへり（原文注記。二帝《じてい》は、帝堯《ぎょう》帝舜《しゅん》をいふ。三王《さんおう》は、夏《か》の禹《う》王、殷《いん》の湯《とう》王、周《しゅう》の文王《ぶんおう》・武王《ぶおう》をいふなり。）これよりして之《こ》れを觀《み》れば孰《たれ》とても、五倫五常の道を行なふものは、みな儒者にて、書物讀誦者《しょもつよむもの》ばかりをいふにはあらず。所以《このゆえ》に貴賤貧富《たつときいやしきまずしきとめる》を言はず。「致《ス》二良知《ヲ》一」三字を標的《めあて》として、分際相應の職分《やくめ》を盡《つく》すべし。これすなはち学問の本旨《ほんし》なり。」（以上、原文は漢字と片仮名混じりの擬古文。片仮名は平仮名になおし、漢字につけてある読み仮名の旧仮名遣いは現代仮名遣いに書き改めた。読むに便ならしむるため、漢字の読み仮名は、更に中田勝が補完した。）

『王學名義』巻之下終

「余少くして志を異端に溺す。既にすなはちやや正學に従事するを知る。而して衆説の粉撓疲疥(疹)茫として入るべきことなきを苦しむなり。一日かつて『傳習録』を讀む。初めいまだ文義を曉《ぎょう》さずしてこれを讀むこと已《すで》に久し。而して恍然として省《せい》するところあるものに似たり。然る後に陽明子の學、眞切簡易にして、粹然たる大中至正の歸を知る。然るに世の學者、徒らに書冊を守り、言語に泥み、全く交渉なく、而してまた競ひあひ呶々として以て正學を亂し、その已に異端に入るを知らず。これ朱門末學の弊にして、いまだ能くこれを救ふ者あらざるなり。良《まこと》に歎ずべきかな。然るに朱門の學、本邦に行はるるや、蓋し二百餘年なり。その根を植うること固く、その波を流すこと漫《みなぎ》る。その語すべき者を擇《えら》びてこれを誨《おし》ふる。猶ほ時に余と悖り、その聲譊《ぎょう》々たり。しかるを況んやその餘をや。滔《とう》々たること天下みなこれなり。余豈《あ》に敢へてこれを議せんや。村上氏の子、明亮《あきすけ》・年十七、總敏にして而して書を讀むことを好む。時に拘らず、余に學ばんと請《こ》ふ。余、その志を嘉《よみ》して、ために『王學名義』二巻を著《あらわ》して以てこれに貽《おく》る。意、その『名義』を曉《さと》さしむるなり。それ雕蟲篆刻《ちょうちゅうてんこく》は、道の緒餘《しょよ》、しかるを況んや俚諺《りげん》の粃糠《ひこう》、豈に以て至道《しどう》を陶鑄《とうちゅう》するに足らんや。然りといへども『名義』を曉さずして而《しこう》してその道に通ぜんと欲するは、猶ほ七年の病《やまい》に、三年の艾《もぐさ》を求むるがごときなり。また難《かた》からずや。もしそれ直ちに本原を言詮《げんせん》の外に求めて、眞に以てその必然として疑ひなき者に驗することあるは、すなはちその自力《じりき》に存するのみ。

元録壬午の七月既望、平安ノ後學《こうがく》松菴三重新七郎平ノ貞亮　識《しる》す。」

（ここは原漢文。中田勝、訳〈漢字の読み仮名は同じく中田勝が補完した〉。）

跋

昨年の二月のこと、鈴木利定学園長と中田勝の二人が対談中、二人して学生諸君のマナーの本を著そうということになった（本学には、書き手は何人もいらっしゃるが、お受けした、中田記）。本の名は「咸有一徳」を載せ、以下、構成、執筆は、中田勝が直接、担当することとなった。「学校法人昌賢学園沿革史」は鈴木利定学園長の家伝書に基づいた。家伝書には、句読点がなく、且つ読み仮名もついていない。例えば、冒頭の「致経」の名乗には困った。「致」字の読みには、「ムネ。ヨキ。ヨシ。ユキ。イタル」がある。不取敢、「ムネ」の読みを採った。このようにして家伝書の定稿が成ったのは、本年の一月である。（本書、「沿革史」の清書は、学長室付、黛麻衣子様の協力を得た）。「咸有一徳―昌賢学園の全人教育」（サブタイトルは鈴木学園長の発案）、この本を味読していただいて、温故知新、二十一世紀に羽搏く学徒諸君の感性、学殖が益々その輝きを増さんことを二人して心より、庶幾う次第である。

平成十三年（二〇〇一）一月

鈴木利定
中田勝

著者略歴

鈴木利定（すずき　としさだ）
学校法人昌賢学園理事長
群馬医療福祉大学学長
群馬医療福祉大学大学院学長
群馬医療福祉大学短期大学部学長

故 中田勝（なかた　まさる）
群馬医療福祉大学
群馬医療福祉大学大学院
群馬医療福祉大学短期大学部
　　顧問教授
二松学舎大学名誉教授

咸有一徳―昌賢学園の全人教育―

2001年6月8日　初　版発行
2002年4月1日　修訂版発行
2014年5月10日　修訂第2版発行
2020年4月20日　修訂第3版発行
2024年4月20日　修訂第4版発行

著者―――鈴木利定　©Toshisada Suzuki　中田　勝　©Masaru Nakata
発行者――荘村明彦

発行所――中央法規出版株式会社
〒110-0016　東京都台東区台東3-29-1　中央法規ビル
TEL 03-6387-3196
https://www.chuohoki.co.jp/
組版――（有）東京タイプレスセンター
印刷・製本――（株）太洋社
定価はカバーに表示してあります。
ISBN978-4-8243-0053-9

本書の内容に関するご質問については、下記URLから「お問い合わせフォーム」にご入力いただきますようお願いいたします。
https://www.chuohoki.co.jp/contact/
落丁本・乱丁本はお取替えいたします。

A053